对外开放新格局下陕西经济
高质量发展研究系列丛书

陕西省社科著作出版资助项目（2022SKZZ019）、陕西高校青年创新团队建设项目（陕教2019〔90〕号）、西安翻译学院“双一流”建设项目、陕西省社科联重大理论与现实问题研究项目（2019XY009）。

陕西蓝田县域
经济高质量发展研究

陕西蓝田县域经济高质量发展路径研究（2019XY009）课题组 著

Research on High Quality Development of Lantian
County Economy in Shaanxi Province

中国经济出版社
CHINA ECONOMIC PUBLISHING HOUSE
·北京·

图书在版编目（CIP）数据

陕西蓝田县域经济高质量发展研究／陕西蓝田县域经济高质量发展路径研究（2019XY009）课题组著．--北京：中国经济出版社，2023.4

ISBN 978－7－5136－7274－0

Ⅰ.①陕… Ⅱ.①陕… Ⅲ.①县级经济－区域经济发展－研究－蓝田县 Ⅳ.①F127.414

中国国家版本馆 CIP 数据核字（2023）第 056046 号

责任编辑　杨元丽
责任印制　马小宾
封面设计　任燕飞设计

出版发行　中国经济出版社
印 刷 者　北京艾普海德印刷有限公司
经 销 者　各地新华书店
开　　本　710mm×1000mm　1/16
印　　张　14.25
字　　数　192 千字
版　　次　2023 年 4 月第 1 版
印　　次　2023 年 4 月第 1 次
定　　价　69.00 元
广告经营许可证　京西工商广字第 8179 号

中国经济出版社 **网址** www.economyph.com **社址** 北京市东城区安定门外大街 58 号 **邮编** 100011

本版图书如存在印装质量问题，请与本社销售中心联系调换（联系电话：010－57512564）

总　序

开放是人类文明进步的重要动力，是世界繁荣发展的必由之路。全面贯彻新发展理念，必须全面提高对外开放水平，建设更高水平开放型经济新体制，形成国际合作和竞争新优势。党的二十大报告提出要推进高水平对外开放，稳步扩大规则、规制、管理、标准等制度型开放，加快建设贸易强国，推动共建“一带一路”高质量发展，维护多元稳定的国际经济格局和经贸关系。这充分表明中国的对外开放将不断向更大范围、更深层次、更广领域持续推进。当前国际、国内环境发生了巨大变化，我们要以开放纾发展之困、以开放汇合作之力、以开放聚创新之势、以开放谋共享之福，推动经济全球化不断向前。

陕西是亚欧大陆桥的重要支点，多条铁路、公路、航线在此交会，具有区位、科教、能源、文化、军工等优势。“一带一路”倡议，是时代赋予陕西开放发展千载难逢的历史机遇，也使陕西成为中国向西开放的前沿。作为不靠海、不沿边的内陆省份，陕西以开放促改革、促创新、促发展的思路，积极对接国家开放战略，抢抓机遇，放大优势，努力实现更大范围、更广领域、更深层次的对外开放，积极融入“一带一路”发展，坚持“引进来”与“走出去”相结合，围绕打造内陆改革开放高地目标，积极应对复杂严峻的国际贸易形势，推动陕西对外贸易迅速发展，对外开放水平大幅提升，经济外向度创历史新高。

党的十八大以来，陕西省对外开放成绩显著，外贸进出口取得了长足发展，外商直接投资实现了新飞跃。为补齐开放不足短板，陕西深度融入共建“一带一路”大格局，主动融入新时代西部大开发、黄河流域生态保护和高质量发展等国家战略，坚持以新发展理念推动高质量发展，为加快打造内陆改革开放高地提供了有力支撑。

一是进出口贸易呈现稳定增长态势。西安海关统计数据显示，2013—2021 年全省累计实现进出口总值 25080.06 亿元人民币，年均增长 19.8%，高于全国 14.4 个百分点。2022 年 1—8 月，陕西省进出口贸易总值 3207.7 亿元人民币，较 2021 年同期增长 3.6%。其中，出口 1985.2 亿元，增长 21.9%；进口 1222.5 亿元，下降 16.7%，同期贸易顺差 762.7 亿元。陕西省一般贸易进出口比重提升，对“一带一路”沿线国家、RCEP 其他国家进出口保持增长。有实绩的外贸企业呈增长态势。截至 2021 年年底，陕西省进出口贸易伙伴共有 221 个国家和地区，尤其是韩国、中国台湾、美国、中国香港和日本五大贸易伙伴，2013—2021 年在陕累计实现进出口总额 16544.99 亿元，年均增长 23.8%。

二是“长安号”成为贸易“黄金通道”。中欧班列“长安号”国内“+西欧”线路达到 19 条，国际运输干线 17 条，基本覆盖欧亚大陆全境，覆盖“一带一路”沿线 45 个国家和地区。中欧班列高质量发展各项指标稳居全国前列，已成为运输时效最快、智能化程度最高、线路辐射最广、服务功能最全、综合成本最低的“五最班列”，集结中心在全国起到引领示范作用。

三是国际性综合交通枢纽建设加速。西安咸阳国际机场是中国北方第二大门户枢纽机场，西咸新区空港新城已联合机场累计开通全货运航线 38 条，其中，国际航线 19 条，覆盖首尔、东京、洛杉矶、莫斯科、布鲁塞尔、曼谷、德里等欧亚及北美13个国家18个城市，初步构建起“向西开放、向东集散、辐射全球”的航空网络。西安铁路枢纽是全国铁路六大枢纽之一，西安北站为亚洲最大火车站（18站台34线），将建成全国“米”字形高铁枢纽网，以西安为中心到主要省会城市的“高铁一日生活圈”初步形成。西安公路枢纽是全国公路六大枢纽之一，基本形成以“米”字形高速公路网和“一环十二辐射”为主骨架的公路网。

四是利用外资增长保持增长。2022年1—11月，陕西省新设外商投资企业274家，实际使用外资（FDI）13.6亿美元，超过2021年全年总量，为2021年全年的128.3%，规模居全国第19位；同比增长27.85%，增速居全国第12位。使用外资排前五位的分别是中国香港、英国、法国、韩国、日本。关中、陕北、陕南地区实际使用外资（不含国家天然气合作开发项目）分别占全省实际使用外资总额的92.08%、5.95%和1.97%。

随着“一带一路”建设的稳步推进，陕西对外开放迈出更大步伐，推动形成了“一核两翼四通道五中心多平台”的全方位联动开放新布局，自贸区、丝博会、欧亚经济论坛、杨凌农高会、秦创原等综合开放平台建设力度持续增大，与“一带一路”沿线国家的教育、文旅、医疗、考古、科技、媒体等多领域交流合作不断深化。但陕西的对外开放还存在区域内发展不平衡、产业结构仍需提升、开放创新动力不足等问题。如何破解陕西在对外开放新格局下面临的短板，政府、企业、高校等做了一系列的探索和研究。西安翻译学院作为一所地方高校，目前已发展成一所以文科、商科为主，以外语为特色，多学科协调发展，具有重要影响和鲜明特色的民办大学。近年来，学校积极服务地方经济发展，在学校相继获批国际经济与贸易、翻译、英语3个国家级一流专业建设点和11个省级一流专业建设点的背景下，学校的专业建设水平及服务地方经济发展的能力显著增强。对外开放新格局下陕西经济高质量发展研究系列丛书应运而生，此系列专著受到了陕西省社会科学界联合会和学校国家一流专业支持，主要从陕西口岸经济、陕西自贸区、陕西现代幸福服务业、丝路通道等方面展开深入研究，助力陕西经济高质量发展。

丛书的主要观点包括七个方面：一是口岸是国家的门户，自古以来，具有独特的政治、经济和文化属性，是打造内陆改革开放高地，激发高质量发展活力动力的重要平台和通道。对外开放新格局下，陕西应抢抓主动融入“一带一路”的黄金机遇期，探索陕西高水平开放路径和产业发展的核心优势，充分发挥口岸在开放型经济发展中的加速器和战略引擎作用。二是在中国推进更高水平的对外开放和推动高质量发展政策的进一步落实背景下，现代服务业将是社会发展水平提升的重要标志，陕西要瞄准国际标准，推动中国幸福服务业高质量发展，大力提升现代幸福服务业国际化水平，培育产业竞争新优势，促进经济迈向中高端水平。三是扩大对外开放同时为陕西金融业的改革与开放发展带来了前所未有的重大机遇和严峻挑战。陕西要从统筹金融资源、对接国家战略、深化金融供给侧改革、完善金融市场体系及加强金融监管协调方面提升陕西金融业综合竞争力，全力服务和融入新发展格局，实现陕西金融业高质量发展。四是陕西自贸试验区被赋予的责任是建设成为全面改革开放试验田，物流业的发展是重中之重。物流业要助力对外开放新格局，从物流政策框架构建、物流系统协同运作等方面促进陕西自贸试验区物流系统均衡、快速、稳定、可持续发展。五是数字经济作为新型的经济形态，要高质量服务贸易发展，尤其是在国内外复杂经济形势下，陕西要寻求适于发展跨境电商的优势产业，从跨境电商平台、跨境电商园区、产业基础、跨境物流、人才培养等方面寻找对策。六是自“一带一路”倡议提出以来，中欧班列为我国内陆城市的发展提供了动力支持，也为沿线国家经济发展搭建了桥梁。但中欧班列仍然存在运力不足、运输单据缺乏国际规则支撑、竞争激烈、往返班列失衡等问题，中欧班列的高质量发展对释放通道潜能，促进陕西对外开放和中欧市场的互联互通具有重要意义。七是提升对外开放水平，就必须强化世界眼光和世界市场意识。陕西要以更加开放的思维来对县域经济进行谋划布局，以陕西蓝田县为例，蓝田县要紧密对接陕西打造内陆开放新高地的新要求，形成“蓝田与西安共同成长，与世界良性互动”的主要方向、特色和追赶超越目标，发挥区位、交通、人文优势，实现“四化”全面发展。

此套丛书主要是西安翻译学院国际商学院基于学科专业发展方向，在一流学院建设经费、陕西省社科著作出版资助项目、陕西高校青年创新团队、校级科研团队建设的资助下出版的。研究人员分别从不同角度围绕对外开放新格局，为陕西经济高质量发展出谋划策。每本著作从选题、论证、撰写到最终成稿，都经过多次修改和完善。丛书的顺利出版，是对研究人员多年研究成果的总结。期望其对地方经济的发展有所参考，使更多的读者有所收益。

西安翻译学院校长 崔智林

2022 年 10 月

序

县域经济是我国区域经济发展的重要内容，其活动涉及生产、流通、消费、交换各环节，第一、第二、第三产业各部门是国民经济的基本单元。县域强则省域强，县域兴则省域兴。县域经济是我国乡村振兴的重要依托，是实现城乡协调发展的重要区域，是实现全体人民共同富裕的主战场，承载着经济高质量发展的特殊使命。

作为陕西省“一流学院”建设单位，西安翻译学院致力于培养服务区域经济社会发展需要的应用型专门人才。此书是学校国际商学院的研究人员深入基层一线，聚焦县域经济高质量发展，钟情于乡村振兴和农文旅深度融合，围绕县域所需所求，积极开展应用对策研究，为县域高质量发展提供了坚强的智力支持。服务于这个宗旨，学校还成立了陕西乡村振兴研究中心，致力于研究县域经济发展和乡村振兴的理论和实际问题。

这几年，国际商学院研究团队先后与子洲、延长、延川、宜川、合阳等县合作，分别就乡村振兴、产业富民、世行项目、文化旅游等专题，扎实调研，发现问题，提出对策，助力县域经济高质量发展，取得了丰硕成果。即将付印的这本《陕西蓝田县域经济高质量发展研究》，就是团队与蓝田县深度合作，经过几年的调查分析研究，推出的一项具有针对性的高质量研究成果。

蓝田是西安大都市周边的一个传统农业县，有青山绿水和传统文化的资源禀赋，过去比较落后，近几年发展迅猛。以蓝田县为县域发展的研究对象，探寻县域经济发展的路径和模式，具有典型性和普遍意义。

我仔细阅读了《陕西蓝田县域经济高质量发展研究》这项成果。整个书稿在章节体系、逻辑结构、资料收集、撰写润色等方面做了精心谋划，反复修改、完善。研究团队基于扎实的理论功底，将各种创新理论与蓝田实际相结合，从自然资源、产业结构、人文观念等方面调研分析，指出制约县域经济发展的因素和短板，提出了高质量发展的九点对策建议，包括确定“万年蓝田千年玉·十里慢城白鹿原”大品牌主题、实现智慧旅游全覆盖、讲好蓝田故事等，都是着眼当地实际的真知灼见，具有创新之处。这些创新点被概括为“六新”，即新样本、新模式、新需求、新供给、新生态和新品牌。蓝田县政府相关部门对这些研究成果非常重视，除了工作中参考参阅，许多观点被纳入全县的“十四五”规划和专项规划。这对研究团队的辛勤劳动无疑是极大的肯定。

除了上述内容的创新，我认为在研究方法上，这项成果还有以下几个特点：

一是能够把国家战略、陕西规划、西安行动与蓝田响应四者紧密结合。“上通天线、下接地线”，将中省宏观经济政策与县域实际相联系，既是经济研究工作者的基本功，也是县域经济健康稳步发展的根本要求。二是能够深入扎实地进行县域调研，包括获取了很多其他省份的典型材料。对县情了解得清、对存在问题和短板抓得准，这又是一项基本功。有了这个基本功，问题就分析得透彻、提出的对策就得力管用。三是研究问题从全域旅游的具体产业切入，以农文旅结合的小切口具体分析，支撑整体县域宏观经济研究，如此可以突出重点，避免宽泛而论。四是国际商学院和蓝田县相关部门在研究课题中结成友好单位，双方相互补充、共赢发展，专业教师发挥所学专长，县上也解决了技术、人才等实际问题，形成了“院—县模式”。

由此可以看出，《陕西蓝田县域经济高质量发展研究》是一项高水平的研究成果，值得学习和借鉴。总之，县域经济是一个值得我们认真研究也需要我们认真研究的领域和范畴。这是一个广阔的舞台，期望我们能够在这个舞台上演出人生的精彩活剧，取得更丰硕的高质量研究成果。

是为序。

薛　健

陕西省发展和改革研究中心原主任

2023 年 2 月 18 日

摘　要

国家战略指导、陕西发展部署、西安行动与蓝田响应等为陕西蓝田县域经济高质量发展提供了强有力的政策指导与智力支持，同时也确定了蓝田全域旅游的发展定位。“后疫情时代”如何更好地将国家战略、打造陕西内陆开放高地、西安国际大都市建设融入蓝田脱贫攻坚、乡村振兴战略之中，全面发展蓝田全域旅游，是蓝田县域经济高质量、可持续发展亟待解决的关键问题。蓝田如何发挥区位、交通、人文优势，实现“四化”全面发展、追赶超越，追求更协调、可持续化、更高质量的发展值得进一步深入研究。

本课题重点研究了以下六方面内容：一是重点基于比较优势理论、资源禀赋理论、创新理论、协同理论、耦合理论、区域经济差异理论和二元结构模型，以高质量、可持续、创新、协调、绿色的蓝田全域旅游为发展目标，从国家战略指导、陕西发展部署、西安行动、蓝田响应四个方面在战略层面论述蓝田县域经济高质量、可持续发展的政策指导与智力支持。二是通过现实观察，线上、线下调研及数据收集，从旅游业、现代农业、工业、物流与金融四个方面分析蓝田县产业发展现状。从人口结构、自然资源、地理条件、文化思想观念、农业产业化、工业发展基础、产业结构等方面分析并提出蓝田县域经济发展的制约因素。三是基于问题导向意识，通过分析，提出蓝田县域经济发展存在的主要问题为：区域发展不平衡、农民收入水平较低；农村剩余劳动力数量大、转移困难；城乡统筹不平衡、市场化程度较低；主导产业不强，发展不充分等。四是借鉴阿尔卑斯山、韩国济州岛、浙江安吉、陕西韩城等国内外典型县域经济发展的优秀经验，结合蓝田县域经济特点，从特色产业、三产融合、信息化、品牌建设等方面，提出蓝田县域经济高质量、可持续发展，形成“蓝田与西安共同成长，与世界良性互动”的主要方向、特色和追赶超越目标。五是通过对蓝田“人文山水蓝田、丝路生态慢城”战略定位的分析，提出“万年蓝田千年玉·十里慢城白鹿原”大品牌建设主题和蓝田县域经济高质量发展思路；通过“点”——全域旅游核心载体、“线”——全域旅游连接纽带、“面”——全域旅游场域背景等点、线、面结合模式，分析并提出蓝田县域经济高质量发展特色模式的内涵和构建思路，并从理论基础、发展背景、发展条件三个方面论述蓝田县域特色发展模式的可行性。六是从六个方面提出蓝田县域经济高质量发展特色模式的实践路径：坚持“两山”理论、推进生态保护和经济协调发展；夯实高品质旅游基础设施建设、推进“慢游”综合旅游交通体系；坚持能融尽融、推进“旅游+”多业态融合发展；推进“三生一体”新型农旅经营形态、打造乡村振兴绿色引擎；健全旅游业人才培养机制、推进劳动力向旅游产业延长链转移；以游客需求为导向，依托“大数据+”推进智慧旅游便民服务体系建设。

本课题提出蓝田县域经济实现高质量发展的九点对策建议：一是确定“万年蓝田千年玉·十里慢城白鹿原”大品牌建设主题；二是筑牢全域旅游经济发展基础、提升全域旅游服务水平；三是深入挖掘特色化旅游拳头产品、打造蓝田经济品牌；四是强力推进科技支撑县域经济、实现智慧旅游全覆盖；五是重视自媒体

“跨界”营销、扩大受众面和营销效益；六是开发品质化文创产品，加强线上、线下联合运营；七是挖掘岭区原乡旅游资源、探索“三权”“三变”促进乡村振兴；八是提升旅游国际化水平、用世界语言讲好蓝田故事；九是实行“院—县”共建模式、完善人才就业创业环境。

本课题的创新之处主要体现在六新：

一是新样本：文旅产业为龙头，打造生态康养旅居品牌，带动多产业融合发展新样本。二是新模式：“点、线、面”全域旅游带动多产业融合发展模式、一核两廊三域空间模式。三是新需求：旅游需求“新六化”（自主化+内涵化+家庭化+体验化+常态化+情怀化）。四是新供给：要素、投资、创新多元驱动的供给模式，华夏根源文化“活化”。五是新生态：生态优势转化为经济优势，绿水青山就是金山银山。六是新品牌：“万年蓝田千年玉·十里慢城白鹿原。”

目 录

1
绪 论

1.1 研究背景

1.1.1 国家战略指导：新常态下的旅游全域化

（1）国家重点专项规划。《“十三五”旅游业发展规划》是我国旅游业发展史上首次被纳入国家重点专项规划中的政策文件，由文旅部单独发布上升为国务院和政府统一发布，并由文旅部牵头，国务院多个职能部门（包括财政、国土、环保、交通运输、农业农村等）共同参与编制，切实改变了以往由单一部门进行调研、规划、编制的情况。这些思想上、地位上的转变，将对未来我国旅游业的转型升级和提质增效产生更为深远的影响。

（2）脱贫攻坚。坚决打赢脱贫攻坚战，实现贫困人口真脱贫。坚持大扶贫格局，注重扶贫同扶志、扶智相结合，深入实施东西部扶贫协作，重点攻克深度贫困地区脱贫任务，要加大力度支持贫困地区加快发展，强化举措推进西部大开发形成新格局。逐步建立起区域协调发展新机制，以“共抓大保护、不搞大开发”为导向推动长江经济带发展。以城市群为主体构建大、中、小城市和小城镇协调发展的城镇格局，加快农业转移人口市民化。确保到2020年我国现行标准下农村贫困人口实现脱贫，贫困县全部“摘帽”，解决区域性整体贫困，做到脱真贫、真脱贫。

（3）乡村振兴。加快农村一二三产业融合，推进农业农村现代化。党的十九大报告提出，在未来发展中要坚持实施乡村振兴战略。坚持农业农村优先发展，按照“产业兴旺、生态宜居、乡风文明、治理有效、生活富裕”的总要求，建立健全城乡融合发展体制机制和政策体系，加快推进农业农村现代化。发展多种形式、适度规模经营，培育新型农业经营主体，健全农业社会化服务体系，实现小农户和现代农业发展有机衔接，促进农村一二三产业融合发展。

（4）文化自信。坚定文化自信，推进社会精神文明、物质文明协调发展。党的十九大报告提出，要坚定文化自信，满足人民过上美好生活的新期待。要深化文化体制改革，完善文化管理体制，加快构建把社会效益放在首位、社会效益和经济效益相统一的体制机制。完善公共文化服务体系，深入实施文化惠民工程，丰富群众性文化活动。加强文物保护利用和文化遗产保护传承。健全现代文化产业体系和市场体系，创新生产经营机制，完善文化经济政策，培育新型文化业态。

（5）全域旅游。“旅游＋”与“＋旅游”深化供给侧结构性改革，推进全域模式转变。“大力发展全域旅游”已被写入2017年《政府工作报告》，2018年为“全域旅游年”，标志着全域旅游正式进入国家战略体系。进入2019年，全域旅游发展工作要求加快全域旅游发展模式转变，围绕全域统筹规划，全域整合资源，全要素综合配置，全社会共治共管、共建共享目标，推进“旅游＋”战略，不断衍生旅游＋城镇化、交通、体育、康养、教育等新产品、新业态、新供给，深化供给侧结构性改革，这将成为我国旅游业的战略发展方向和未来趋势。

（6）生态文明。坚持人与自然和谐共生，推进生态文明建设。党的十九大报告提出，要坚持人与自然和谐共生，推进生态文明建设。要树立和践行“绿水青山就是金山银山”的“两山”理念，坚持节约资源和保护环境的基本国策，统筹山水林田湖草系统治理，实行最严格的生态环境保护制度，形成绿色发展方式和生活方式，坚定走生产发展、生活富裕、生态良好的文明发展道路，建设美丽中国，为人民创造良好的生产生活环境，为全球生态安全作出贡献。

1.1.2 陕西发展部署：文化生态双驱动，构建全域旅游大格局

（1）习近平总书记来陕考察重要指示。2020 年 4 月 20—23 日，习近平总书记来陕视察工作，对陕西经济发展提出五项任务，第一项任务提出陕西应按照“推动经济高质量发展迈出更大步伐”的要求，持续增强经济创新力和竞争力。提出要大力发展特色现代农业，要坚持创新驱动发展，要推动区域协调发展，统筹做好产业发展、基础设施生态保护和公共服务，抓好西安国家中心城市建设，加快西安—咸阳一体化进程，大力发展县域经济，促进以县城为主要载体的新型城镇化建设和美丽宜居乡村建设有机融合、相得益彰。

（2）“一带一路”奠定全域旅游赶超高起点。推动“一带一路”旅游战略，开展“一带一路”国际旅游合作，建立丝绸之路经济带城市旅游合作机制，是未来我国旅游业“走出去”的重点行动计划。作为连接“一带一路”的重要纽带，陕西主动融入国家“一带一路”旅游外交大局，明确提出在“十三五”期间建成“一带一路”旅游核心区，打造“一带一路”上的国际旅游中心，这将奠定陕西全域旅游实现追赶超越的高起点。

（3）“文化自信”塑造全域旅游高品质。陕西是中华民族根脉、华夏文明故乡，也是坚定文化自信的底蕴所在。为旅游注入文化之魂，坚定文化自信、扛好文化大旗、讲好陕西故事，是陕西建设国内一流、世界著名旅游目的地的核心竞争力所在。“十三五”时期，陕西作出以 17 个国家全域旅游示范区创建为重点，通过试点建设、经验总结、示范引领全省旅游业从传统景区旅游向全域旅游转变的战略部署。坚持以“文化自信”为指引，以全域旅游发展理念促进文化旅

游发展，彰显陕西文化自信、文化自觉，将成为陕西省实现华夏文明传承地建设目标的重中之重。

（4）“1325”项目带动旅游发展全领域。“十三五”时期，陕西省将落实“1325”项目带动计划，打造六大特色旅游体验区，构建九条旅游观光体验廊道，培育十大乡村旅游发展典型，打造丝绸之路起点风情体验旅游走廊、大秦岭人文生态旅游度假圈、黄河旅游带三大旅游高地，促进旅游业全区域、全要素、全产业链发展，实现旅游业全域共建、全域共融、全域共享。

1.1.3 西安行动：坚持以十项重点工作突破推进高质量发展

“大西安”建设成为陕西“十三五”发展期间的重要抓手，西安作为陕西省省会，依托其突出的区位优势和丰富的资源条件，具有极大的发展潜力，将是关中城市群及全省经济增长的重要载体，更是陕西落实“一带一路”倡议的重要措施。西安深入学习贯彻习近平总书记来陕视察重要讲话精神，促进经济健康发展和民生持续改善，全面推进西安高质量发展。

（1）落实“五个扎实”，开创国际化大都市建设新格局。2015 年 2 月 13—16 日，习近平总书记来到陕西视察，对陕西发展提出“五个扎实”，即扎实推进经济持续健康发展、扎实推进农业现代化建设、扎实加强文化建设、扎实做好保障和改善民生工作、扎实落实全面从严治党。这是习近平总书记第一次针对陕西经济社会发展所做的系统性、指导性讲话，既有新思维、新论断，又有新论述、新要求，对陕西现在及未来的发展具有深刻的指导意义。

（2）扎实加强文化建设，促进文旅产业深度融合发展。2019 年 12 月，西安市委、市政府召开加强文化建设促进文化旅游融合发展大会，动员全市上下进一步坚定文化自信，围绕保护、发掘和用好西安的自然山水、历史遗存和富集的文化资源，以供给侧结构性改革为主线，推动文化和旅游在更广范围、更深层次、更高水平上实现深度融合发展，高标准、高效率地推进《关于加强文化建设促进文化旅游融合发展的实施意见》和《西安市加强文化建设促进文化旅游产业融合发展三年行动方案（2020—2022 年）》中确定的各项任务落地落实。要强化配合、通力协作，进一步完善工作机制，优化资源配置，强化政策支持，着力打造文旅融合发展新格局，为加快国家中心城市建设和西安追赶超越高质量发展再做新贡献。

（3）深化建设国际一流旅游目的地城市。西安提出以建设“国际一流旅游目的地”为目标，突出西安古都历史文化魅力和自然山水特色，实施“大旅游”战略，完善城市旅游公共服务功能，重点推动旅游与文化产业融合，变线性旅游为板块旅游，打造内陆型改革开放新高地，建成文化旅游中心、丝绸之路经济带的金融商贸物流中心、机械制造业中心、能源储运交易中心、科技研发中心、高端人才培养中心。构建全域旅游发展模式，使西安成为华夏文明之源的展示窗口、全球旅游文化产业高地。

1.1.4 蓝田响应：突出“两个创建”，发展生态旅游城市

2020 年蓝田县人民政府工作报告指出，蓝田县要认真践行“五个扎实”要求，坚定不移地走“绿水青山就是金山银山”的绿色生态发展之路，依据生态城市、旅游城市发展定位，加快实施“南控、北突、西融、东连”战略，继续推进“两带双核四板块”建设，全面拉大县城发展骨架。紧扣“一个目标”，突出“两个创建”，聚焦“七项重点工作”，实施“八项工程”，争创“三个样板县”和“一个基地”，推动新时代蓝田追赶超越有新气象、新作为。

（1）坚持绿色发展道路，创建国家生态文明建设示范县。依托好山好水好文化等资源禀赋，因地制宜、创新思路，坚持走绿色发展之路，搭建渭河、浐河、灞河和环山公路“三河一山”生态骨架，通过文旅康养、特色民宿，争创国家生态文明建设示范县，推进生态价值

加速兑现，使生态优势转化为发展优势。

（2）实施文旅融合工程，创建国家全域旅游示范区。对标全域旅游示范区创建标准，持续深化“旅游+”“文化+”战略，聚焦旅游供给侧结构性改革，加快文旅深度融合，实现全域旅游“二次腾飞”。按照“旅游景区吸引人+乡村旅游留住人”的思路，加快推动蓝田特色旅游品牌创建。聚焦文旅发展新要素，深度开发蓝田玉文化、厨乡文化、红色文化等独特资源，创新发展1113食用菌、135花椒、151樱桃、128草莓、125民宿、3211葡萄“6+X”产业模式，丰富文旅产品体系，健全生态文化旅游产业链。

（3）区域战略升级带来发展新优势。随着“一带一路”建设、新时代推进西部大开发形成新格局、黄河流域生态保护和高质量发展战略的加快实施，以及西安国家中心城市建设的持续推进，国家将在基础设施建设、脱贫攻坚、生态保护、民生保障等方面对西部县（区）给予更大的政策支持，要抢抓建设“一带一路”“国家中心城市”“关中城市群”等难得机遇，推进蓝田县发展取得新成绩。

以上国家战略指导、陕西发展部署、西安行动与蓝田响应等战略部署为蓝田县域经济高质量发展提供了强有力的政策指导与智力支持，同时也确定了蓝田全域旅游的发展定位。“后疫情时代”如何更好地将国家战略、打造陕西内陆开放高地、西安国际大都市建设融入蓝田脱贫攻坚、乡村振兴战略之中，全面发展蓝田全域旅游，是蓝田县域经济高质量、可持续发展亟待解决的关键问题。

1.2 国内外研究现状及述评

1.2.1 国外县域经济研究现状

国外的行政划分与国内不同，对县域经济的研究较少，多体现为区域经济差异方面的研究，理论基础为区域经济差异理论。18世纪，

Adam Smith（1776）提出绝对优势理论，促进了生产力的规划与地域发展，后来，David Ricardo（1817）对这一理论进行了修改，提出比较优势理论。19 世纪开始兴起的区位理论使得区域经济发展研究有了新的突破，从 Thunnen（1826）的农业区位理论到 Weber（1909）的工业区位论，再从 W. Christaller（1933）的中心地理论到 Francois Perroux（1950）的增长极理论，被区域经济学的专家视为经典。W. Arthur Lewis（1954）从经济发展的角度概括了二元结构论——现代部门和传统部门为经济发展的基础部门。John C. H. Fei 和 G. Ranis（1961）接受了刘易斯关于劳动力无限供给的一系列观点，修正了刘易斯提出的二元经济结构，认为农业生产率的提高才是劳动力供给的根本保证，形成了包含工、农两部门共同发展的“刘易斯—拉尼斯—费景汉”模型。Dale W. Jorgenson（1961）提出二元经济模型，认为农业劳动力向工业部门转移是由农业人口消费水平变化决定的，更加强调了市场的作用。

1.2.2 国内县域经济研究现状

国内学者对县域的研究始于 20 世纪 80 年代，发展相对较为缓慢。随着我国城市化进程的不断加快，县域经济发展开始引起学术界的关注。

（1）县域经济总体发展水平研究。李小建（2001）参考 1990—1998 年我国县域经济数据探讨了沿海与内陆经济差异；樊新生（2005）采用空间自相关的方法对河南省县域经济进行了研究，揭示了河南中心城区对周边县域的极化效应；吴玉鸣（2007）使用全国 2030 个县域截面数据研究我国县域经济集聚问题，提出我国县域经济存在较强的空间依赖关系；应新杰、赵媛（2007）提出县域经济发展应该分不同模式走因地制宜的发展战略；高婧等（2009）采用聚类分析法和因子分析法描绘出新疆县域经济总体发展的空间分布图；李国利（2013）建立面板数据计算贡献率探索福建省泉州市县域经济发展的影响因子。

（2）县域经济具体问题研究。朱昌宁（1992）从城乡一体化管理视角对我国县域经济一体化的格局进行了分析；张杰（2007）从县域经济制度方面评价了我国农村公共物品供给制度；陈兆荣、吴杰（2008）采用熵值法测度了安徽省沿江县域的竞争力指数；张金萍等（2009）从房地产供需角度研究了我国县域房地产市场经济的驱动机制；刘霖、秦宛顺（2009）采用数据包络分析（DEA）法对 2007 年我国 70 个发展较快的县进行了经济效率评价，发现投入推动的粗放型是县域经济增长的主要方式；王振华（2014）从空间相关性视角研究结构红利的空间相关现象，认为中国县域经济发展中结构红利体现了强烈的空间溢出效应。

1.2.3　县域经济高质量发展现状研究

（1）关于县域经济高质量发展研究刚刚开始。罗黎平（2017）分析了 30 多年来我国县域经济发展路径的演进史，提出全面深化改革背景下县域经济发展的新趋势；马晓河（2018）研究了经济高质量发展的内涵与关键，提出无论供给侧还是需求侧，经济增长新动能的形成都需要体制机制改革做支撑；张全权（2018）分析了肥西县经济高质量发展中的措施、成效和不足，并提出了加快经济高质量发展的对策建议；王馨（2019）通过借鉴晋江市、丰县、泗洪县 3 个典型县（市）的经验做法，为探讨宿州市县域经济高质量发展政策奠定实践基础；王振华等（2019）对高质量发展背景下中国县域全要素生产率提升中的结构红利进行了测度；母爱英、徐晶（2019）从“高质量、可持续、创新、协调、绿色”理念出发，科学界定县域经济高质量发展的内涵，构建评价指标体系，提出不同层次的县域经济发展的政策建议；占海明（2019）提出县域经济要想在新一轮经济体制改革中脱颖而出，实现经济跨越式高质量发展，必须要积极参与新旧动能转换；邹一南（2019）提出产业结构升级是县域经济实现高质量发展的支撑。

（2）陕西县域经济相关研究。赵光华、丁艳萍（2006）通过陕西省县域相关统计数据对陕西省各县域做了综合评价，并采用层次分析法提出对应结论；钟世和（2014）以陕西省为例，对金融支持西部县域城乡统筹发展情况进行了实证分析；谢晓旭（2015）分析了陕西省目前县域经济状况，探寻差异形成的深层原因；李小荣等（2016）采用多因素综合评价法，对陕西省县域不同乡村发展类型的乡村性空间分布进行了分析；白鹤翔（2016）提出构建“四位一体”模式，支持县域经济发展；马俊静、张杏梅（2016）提出陕西省县域经济综合竞争力空间布局具有显著的正相关性，但其相关性正缓慢减小；马宁（2017）提出陕西省要以“互联网+”为创新经济的突破口，推进产业现代化发展，提升县域经济竞争力；赵欣欣（2017）基于陕西省85个县域，分析了适合每个县域发展的城镇化模式；杨晓、胡爱君（2018）对汉中市及县域循环经济发展水平进行了实证分析和测评，提出基于特色优势产业提高汉中市县域循环经济发展水平的策略；张彬、任丽（2018）以人均GDP和产业GDP为测评指标，揭示了陕西县域经济的全局、局部自相关及时空演变规律；李宗哲（2018）运用地理信息系统（GIS）空间分析方法，研究陕西县域经济发展水平空间差异、时空格局演化，探索导致空间差异的各个影响因子在经济发展水平上的相互作用程度。

1.2.4 研究评述及发展趋势

国内外研究表明，城镇化的过程是农业人口向城镇第二产业和第三产业转移的过程，将区域经济差异理论和二元经济结构模型作为理论基础，在我国县域经济发展中具有重要的指导作用。目前，县域经济发展呈现以下几个特征：一是对县域经济总体发展水平的研究主要是集中在空间布局和总体发展上，大多是通过计量地理学和GIS空间分析方法的量化研究；二是对县域经济具体问题研究涉及面和范围较广，从经济一体化格局、经济制度、房地产市场、经济效率、竞争力指数到空间溢出效应等多角度展开，既有量化研究，也有定性研究；三是关于县域经济高质量发展的研究刚刚开始，大多集中在研究县域经济高质量发展的内涵与措施方面；四是关于陕西省县域经济研究更多地侧重陕西县域经济差异分析、空间布局、金融支持、三产融合和中观层面上的研究，县域经济高质量发展研究尚需完善。在西部大开发新格局战略、“一带一路”和新型城镇化的背景下，陕西各县域由于资源禀赋不同存在较大差异，对于某一具体县域经济高质量发展的研究值得期待。

实现高质量发展，推动区域协调发展，建设现代化经济体系，实施乡村振兴战略，基础在县域，难点在县域，活力也在县域。社会各界对“县域经济”的关注已经开始。2018 年，面对错综复杂的国内外经济环境，陕西以新发展理念引领高质量发展，县域经济总量突破万亿元，县域总税收收入跃上千亿元，县域经济取得了突破性发展，但与发达省份相比，总体实力偏弱的状况尚未根本改变。一是对标安徽、四川、江浙等地，全国百强经济强县偏少，竞争力偏弱；二是区域发展不平衡，2018 年县域 GDP 排名，前 10 中陕北占 8 个，陕南与关中部分县域经济发展滞缓。在陕西 77 个县域中，蓝田 GDP 排第 20 位，人均 GDP 排第 68 位，经济发展质量和可持续发展动力不足。蓝田如何发挥区位、交通、人文优势，实现“四化”全面发展、追赶超越，追求更协调、可持续化、更高质量的发展值得进一步深入研究。

1.3 研究价值

1.3.1 理论价值

第一，对蓝田县域经济高质量发展的研究有助于丰富陕西县域经济高质量发展内涵及推进相关研究；第二，通过对蓝田产业结构升级和一二三产业融合研究，可以完善区域经济差异理论中关于县域经济发展研究；第三，对蓝田县域经济特色模式的研究有助于促进比较优势理论和资源禀赋理论创新，通过对蓝田“旅游+”能融尽融的协同模式进行研究，丰富了系统理论和耦合理论在全域旅游发展中的实践指导意义。

1.3.2 应用价值

第一，基于对蓝田县域经济深入调研，分析蓝田经济高质量发展存在的问题和困难，有助于推进以问题为导向的蓝田经济发展模式探索；第二，通过学习国外、省内外等地县域经济典型模式和经验，提出蓝田经济高质量发展特色、方向和全面推进蓝田县域经济发展目标，有利于推进蓝田县域经济目标导向的特色发展模式探索；第三，提出蓝田县域经济高质量发展模式，并探讨其可行性与可持续性，将其真正融入蓝田经济发展之中，可以为蓝田“十四五”规划提供设计思路和方向。

1.4 研究框架及主要内容

1.4.1 研究的主要思路框架

研究的主要思路框架见图 1－1。

1.4.2 研究的主要内容

本书共 10 章，主要内容安排如下：

第 1 章：绪论。从国家战略指导、陕西发展部署、西安行动、蓝田响应四个方面论述蓝田县域经济高质量、可持续发展的政策指导与智力支持；从国内、国外两方面梳理国内外关于县域经济高质量发展的相关研究，并进行述评，提出目前研究的不足及发展趋势；从理论价值和时间价值论述课题研究意义；确定课题研究的思路框架与主要内容；提炼课题在学术思想、学术观点及研究成果方面可能的创新

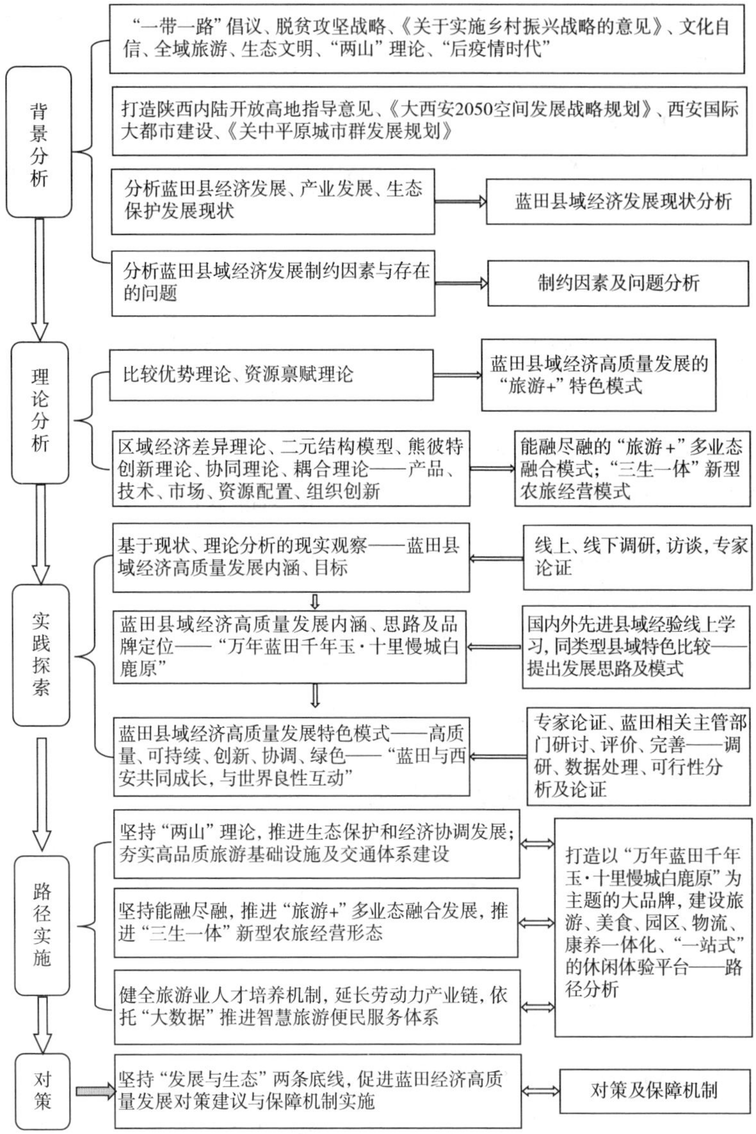

图 1－1　研究的主要思路框架

之处。

第 2 章：理论基础。本章是全书的理论核心，也是立论基础。从比较优势理论与竞争优势理论的内涵及比较、资源禀赋理论、共生理论、人类命运共同体理论等内涵提出陕西县域经济及蓝田县域经济高质量发展的理论选择；基于对前面四种理论的内涵和理论选择分析，提炼构建蓝田县域经济高质量发展的理论分析模型，确定本研究的目标与内容体系。

第 3 章：蓝田县域经济发展现状。梳理总结蓝田县基本情况；通过现实观察，线上、线下调研及数据收集，从旅游业、现代农业、工业、物流与金融四个方面分析蓝田县产业发展现状；从践行“两山”理论、健全秦岭蓝天段生态环境保护长效机制、稳固生态屏障等方面分析秦岭蓝田段生态环境保护发展的现状。

第 4 章：蓝田县域经济发展的制约因素与问题分析。从人口结构、自然资源、地理条件、文化思想观念、农业产业化、工业发展基础、产业结构等方面分析并提出蓝田县域经济发展的制约因素。基于问题导向意识，通过分析，提出蓝田县域经济发展存在的主要问题为：区域发展不平衡，农民收入水平较低；农村剩余劳动力数量大，转移困难；城乡统筹不平衡，市场化程度较低；主导产业不强，发展不充分。

第 5 章：蓝田县域经济高质量发展思路与特色模式构建。通过对蓝田“人文山水蓝田、丝路生态慢城”战略定位的分析，提出“万年蓝田千年玉 · 十里慢城白鹿原”大品牌建设主题和蓝田县域经济高质量发展思路；通过“点”——全域旅游核心载体、“线”——全域旅游连接纽带、“面”——全域旅游场域背景等点、线、面结合模式，提出蓝田县域经济高质量发展特色模式构建思路。

第 6 章：蓝田县域经济高质量特色发展模式可行性分析。从理论基础、发展背景、发展条件三个方面论述蓝田县域特色发展模式的可行性；理论基础分析主要基于县域经济发展要求和全域旅游特点，依据比较优势等理论进行可行性分析；发展背景分析主要从经济发展、生态建设、产业融合、文化自信等国家政策分析，结合地区特色加以论证；发展条件分析主要从区位、自然、文化资源、旅游资源、产业资源等分析特色发展模式的可行性。

第 7 章：国内外典型经验借鉴。国外以瑞士阿尔卑斯山、韩国济州岛，国内以浙江安吉、陕西韩城为案例，分析其典型经验和特色模式；将国内外典型经验融入蓝田“旅游 +”发展模式之中；以蓝田猿人部落和华胥家艺小镇建设项目为重点，开展全域旅游典型项目策划。

第 8 章：蓝田县域经济高质量发展实践路径。主要从坚持“两山”理论，推进生态保护和经济协调发展；夯实高品质旅游基础设施建设，推进“慢游”综合旅游交通体系；坚持能融尽融，推进“旅游 +”多业态融合发展；推进“三生一体”新型农旅经营形态，打造乡村振兴绿色引擎；健全旅游业人才培养机制，推进劳动力向旅游产业延长链转移；以游客需求为导向，依托“大数据 +”推进智慧旅游便民服务体系建设六个方面提出蓝田县域经济高质量发展的实践路径。

第 9 章：蓝田县域经济高质量发展对策研究。从坚持全域旅游助推经济高质量发展思路，确定“万年蓝田千年玉 · 十里慢城白鹿原”大品牌建设主题；筑牢全域旅游经济发展基础，提升全域旅游服务水平；深入挖掘特色化旅游拳头产品，打造蓝田经济品牌；强力推进科技支撑县域经济，实现智慧旅游全覆盖；重视自媒体“跨界”营销，扩大受众面和营销效益；开发品质化文创产品，加强线上、线下联合运营；挖掘岭区原乡旅游资源，探索“三权”“三变”，促进乡村振兴；提升旅游国际化水平，用世界语言讲好蓝田故事；实行“院—县”共建模式，完善人才就业创业环境九个方面提出蓝田县域经济高质量发展对策。

第 10 章：研究结论与展望。对本书的研究内容进行总结，进而在此基础上提出主要的理论及实践结论，并对县域经济高质量发展的研究方向与研究趋势做出进一步展望。

1.5 创新之处

本书的创新之处体现在以下几个方面：

（1）学术思想。基于比较优势理论、资源禀赋理论、创新理论、系统理论、耦合理论、区域经济差异理论和二元结构模型，以高质量、可持续、创新、协调、绿色的蓝田全域旅游为发展目标，分析并提出蓝田县域经济高质量发展的内涵和思路；借鉴瑞士阿尔卑斯山、韩国济州岛、浙江安吉、陕西韩城等国内外典型县域发展经验，学习省内外同类型县域发展特色做法，结合蓝田县域经济特点，从特色产业、三产融合、信息化、品牌建设等方面，提出蓝田县域经济高质量、可持续发展，形成“蓝田与西安共同成长，与世界良性互动”的主要方向、特色和追赶超越目标。

（2）学术观点。通过理论分析提出：蓝田全域旅游是其县域经济实现高质量发展的支撑；通过实践考察，专家论证，咨询相关县域经济研究专家、政府主管经济的县长和发展改革委等主管部门，提出蓝田县域经济高质量发展要点，即以文旅产业为龙头，多产业融合发展，突出品牌提升，共抓生态大保护，推进全域大旅游，坚持一体规划、统筹协调、市场运营、开放发展，把生态优势转化为经济优势，转变思维观念，找准旅游发展定位的发展思路；为更好地将蓝田县域经济高质量发展模式有效运用于蓝田经济发展实践之中，提出发挥协同效应，全力打造以“万年蓝田千年玉·十里慢城白鹿原”为主题的蓝田大品牌，打造融入大西安旅游战略规划的集美食、文旅、园区、康养于一体化、“一站式”的1~2天蓝田文旅康养体验平台，探索研究蓝田县域经济高质量发展特色模式。

（3）研究成果。通过理论分析和实践探索，提出蓝田县域经济高质量发展思路和方向；探索蓝田县域经济高质量发展特色模式，提出蓝田县域经济高质量发展路径和保障机制。学术成果表现为：形成蓝田县域经济高质量发展路径研究报告1份，发表相关论文至少1篇。

实践成果表现为：将蓝田县域经济高质量发展思路、目标、模式运用于蓝田经济发展建设之中，不断探索完善实施路径，提出蓝田县域经济高质量特色发展对策，为蓝田县经济“十四五”规划提供基础、方向和依据，将相关成果融入蓝田县“十四五”规划之中。

2 理论基础

2.1 比较优势理论与竞争优势理论

2.1.1 理论概述

（1）比较优势理论的提出及内涵。1815 年，英国政府为维护土地贵族阶级利益而修订实行了“谷物法”。“谷物法”颁布后，英国粮价上涨，地租猛增，这对地主贵族有利，但严重损害了资产阶级的利益。昂贵的谷物，使工人货币工资被迫提高，成本增加，利润减少，削弱了工业品的竞争能力；同时，昂贵的谷物也增加了英国各阶层的吃粮开支，因而减少了对工业品的消费。“谷物法”还招致外国以高关税阻止英国工业品对它们的出口。为了废除“谷物法”，工业资产阶级采取了多种手段，鼓吹谷物自由贸易的好处。而地主贵族阶级则千方百计地维护“谷物法”，认为既然英国能够自己生产粮食，就不需要从国外进口，反对在谷物上自由贸易。

工业资产阶级迫切需要找到谷物自由贸易的理论依据。李嘉图适时而出，他在 1817 年出版的《政治经济学及赋税原理》中，提出了著名的“比较优势原理”（Law of Comparative Advantage），但没有给出明确的定义。之后在《国际经济学》一书中，给出了最初的比较优势的定义：在两国之间，劳动生产率的差距并不是在任何产品上都是相等的。每个国家都应集中生产并出口具有比较优势的产品，进口具有比较劣势的产品（“两优相权取其重，两劣相衡取其轻”），双方均可节省劳动力，获得专业化分工提高劳动生产率的好处。从定义中可知，在国际贸易中出口本国的比较优势产品，其贸易经济就会有利益可得。

比较优势理论是一项最重要的，至今仍然没有受到挑战的经济学普遍原理，具有很强的实用价值和经济解释力。它为自由贸易政策提供了理论基础，推动了当时英国的资本积累和生产力的发展。在该理论影响下，“谷物法”被废除。这是19世纪英国自由贸易政策所取得的最伟大的胜利。整体来看，比较优势理论在加速社会经济发展方面所起的作用是不容置疑的。其对国际贸易理论的最大贡献是，首次为自由贸易提供了有力证据，并从劳动生产率差异的角度成功地解释了国际贸易发生的一个重要起因。直到今天，这一理论仍然是许多国家，尤其是发展中国家制定对外经济贸易战略的理论依据。

（2）竞争优势理论的提出及内涵。传统的资源禀赋理论（H－O理论）是一种相对静态的理论体系，缺乏动态的眼光分析各国资源禀赋和比较优势。为克服传统国际贸易理论的缺陷，一些经济学家开始在资源禀赋理论的框架之外寻求新的贸易政策选择和贸易理论，目前最有影响的理论是国家竞争优势理论。竞争优势（Competitive Advantage）理论（1990）是由哈佛大学商学研究院迈克尔·波特首次提出的。波特认为一国的贸易优势并不像传统的国际贸易理论宣称的那样简单地由一国的汇率、利率、劳动力和自然资源决定，而在很大程度上是由一国的产业升级和创新的能力决定的。竞争优势主要来源于一国的历史、经济结构、文化和价值观，由于当代的国际竞争更多地依赖于知识的吸收和创造，因此，竞争优势的形成和发展已经日益超出单个企业或行业的范围，成为一个经济体内部各种因素综合作用的结果。波特的国际竞争优势模型（又称钻石模型）主要由四种本国的决定因素（Country Specific Determinants）和两种外部力量组成。其中，四种本国的决定因素包括要素条件，需求条件，相关及支持产业，公司的战略、组织以及竞争。两种外部力量包括政府和随机事件。

竞争优势理论涉及跨国投资、市场营销、产品经济、贸易理论等多方面内容，是多元学科的综合发展，它克服了传统国际贸易理论的静态分析，强调的是一种动态发展。一个国家的竞争优势主要受国家后期进取发展精神、创新机制、国家发展层级的影响。无论国家大小，只要国家市场充满竞争性刺激，有创新机制和进取的积极精神，即使是一个新建立的小国家，也有可能发展其自身的竞争优势，成为发展强国。竞争优势强调的是非价格性的竞争，更多地来自国家信誉和产品质量，因此对国家职能有一定的要求，需要国家营造公平合理的竞争氛围，促进本国内产品的国家贸易发展，提升产品的国际竞争力。

（3）比较优势理论与竞争优势理论的关系。比较优势是一国自带的利益属性，它属于国际贸易基础中的先天优势，是产品生产要素中的个性化优势。而竞争优势是产品或国家发展要素间组成的价值系统协调发展后的结果，是国家产业内部的效率表达。两种理论相互交融，是一种共生补充的存在。首先，在一国贸易中，只要出现“进口”“出口”这样的外贸词汇，比较优势理论和竞争优势理论就会同时发挥作用。比较优势是竞争优势的基础，发挥比较优势是实现竞争优势的基础和捷径，比较优势对竞争优势的内在影响，能促进该国产业实力的显著提升。其次，一个国家的比较优势需要通过竞争优势来完整体现，如果一个国家缺乏竞争优势，就很难实现它的比较优势。因此，在国际贸易理论中，比较优势理论和竞争优势理论相互支持，成为生产力比较的两个重要理论基础。

2.1.2 基于比较优势理论与竞争优势理论的陕西省国际贸易理论选择

李嘉图的比较优势理论是国际贸易理论中的重要理论基础，但具有一定的时代和阶级局限性，存在很多自相矛盾的地方。主要表现在：第一，李嘉图认为在国际贸易中由劳动价值论所确定的等价原则失去了作用，各国商品的交换比例如何确定，获得的利益如何分配，比较优势理论只是给出了交换比例的界限，并未进行深入分析；第二，比较优势理论中的劳动价值论本身是不完善的，理论中缺乏对必要劳动的正确认识，混淆了交换价值和价值的关系。尽管如此，比较优势理论仍然是陕西省对外参与国际产能合作的重要理论基础，应该基于陕西省外贸经济发展实际分析其对陕西省国际贸易发展的重要指导作用，理性看待比较优势理论对陕西省外贸经济的指导与参考作用。

（1）陕西县域经济高质量发展需要依托基础的比较优势理论。陕西省经济处于快速追赶和发展期，同时陕西在“一带一路”建设中处于重要的战略地位，众多的产品需求和服务供给，使得其具备世界上较大的需求和成长潜力，相对而言，县域的劳动力和土地利用成本表现为较低的成本优势。近年来，我国各类产品资金成本有一定下降，同时，有技术含量的重点加工企业和高技术产业正处在积淀和形成期。基于此现状，陕西各县域通过学习国际上先进的管理、技能、机制和体制，将比较优势放在陕西县域经贸发展的基础地位，将是未来陕西参与国际产能合作及在国际竞争中保持活力的关键。

（2）陕西县域应充分利用其比较优势实现国际竞争中的竞争优势。充分发挥各县域特色产品优势，做好“一县一品”，用好中欧地理标志协定，加大陕西县域特色优势农产品出口。扶持中欧互认地理标志中有较好出口基础的猕猴桃、苹果、紫阳富硒茶、泾阳茯砖茶、汉中仙毫等产品出口。同时，注意知识产权管理和保护，授予知名规范企业使用地理标志，并规范授予使用地理标志的企业如紫阳秦硒生态农业开发、陕西泾阳百富茯砖茶、陕西东裕生物科技股份、陕西鹏翔茶业股份等严格按照出口要求生产。对于尚未获得欧美认证的国家地理标志，加快农产品产业链转型升级，整合小微企业、家族企业上下游关联企业，建设相应的生产基地、配套物流、交易平台、跨境电商等完整产业链。强化联合互助，合作交流，形成集约化、专业化、精细化生产，实现规模效益，发挥特色农产品优势。

（3）“一带一路”背景下蓝田县域经济应加速比较优势到竞争优势的升级发展。“一带一路”背景下，蓝田作为西安半小时经济圈和后花园，由于其独有的交通区位和战略地位，处于发展的重要战略机遇期，应在蓝田旅游、康养、人文等比较优势基础上，充分利用《区域全面经济伙伴关系协定》（RCEP）生效契机，打造蓝田特色农产品，并通过中欧地理标志或者获得国家地理标志，融合蓝田旅游、康养、物流、休闲农业发展优势，重点打造蓝田全域旅游特色品牌，完成从比较优势到竞争优势的升级。

2.2 资源禀赋理论

2.2.1 理论概述

瑞典经济学家赫克歇尔和俄林为了更好地解释李嘉图的比较优势理论，向英国古典经济学派发起了挑战，于1933年出版了《区域贸易和国家贸易》一书，系统提出了贸易学说，标志着资源禀赋理论的诞生。资源禀赋理论又被称为新古典贸易理论，其理论模型即赫克歇尔—俄林模型（H－O模型），也被称为要素禀赋决定理论。资源禀赋理论与比较优势理论并称为国际贸易理论的两大基本理论。资源禀赋理论的核心观点为各国国际贸易的基础是资源禀赋的不同构成。一国应该进口生产商密集使用、供给相对稀缺、价格较为昂贵的生产要素生产的产品；生产并出口该国在生产上密集使用、供给相对充裕、价格比较低廉的生产要素生产的产品，从而在进出口交换中获得比较利益，有利于更有效地利用本国的生产要素。例如，劳动力较为丰裕的国家应出口劳动密集型产品，进口资本密集型和技术密集型产品；相反，资本丰裕的国家应出口资本密集型产品，进口劳动密集型产品。该理论认为，由于不同国家区位的自然资源禀赋不同，因而取得的基本生产投入要素不同，进而接近产品市场的机会也将有所不同，相应地，其成本与收益变量也就有所不同。基于此，企业家在进行投资决策时，必然会作出有利于某一特定区位而不利于其他区位的区位投资决策。这种区位投资决策一旦向某一区位倾注就会产生该区域的乘数效应，同时会加速经济活动在该投资区域上的集聚。乘数效应大小一般根据某些反映区域社会经济特征的“内在”特征而定。在这些内在特征中，比较重要的是输出产业的性质、劳动力的质量与数量、地方产业关联程度及外部影响因素等。

资源禀赋理论批判地继承了李嘉图的比较优势理论，弥补了比较优势理论只用劳动支出这一因素的差异来解释国际贸易的片面性，提出在生产活动中，除了劳动支出这一要素，还有技术、土地、资本等生产要素，在考虑各国产品成本时，必须同时考虑各个生产要素。新古典的资源禀赋理论，从要素禀赋结构差异以及由这种差异所导致的要素相对价格在国际的差异方面来寻找国际贸易发生的原因，克服了李嘉图比较优势理论中关于一种生产要素投入假定的局限，成为国际贸易理论中又一重要的理论分析基础。

2.2.2 基于资源禀赋理论的陕西蓝田县域经济发展理论选择

适逢陕西省县域经济发展的新时期，学习和理解资源禀赋理论，对指导陕西县域经济高质量特色发展具有重要的创新意义。

（1）依托资源优势，发展陕西县域特色经济。陕西由于其特色的区位、资源优势，应积极发挥资源禀赋的优势，全力发展陕西特色经济。陕西由于地理纬度跨度较大，陕南、陕北、关中各个县域的气候、水资源、土地、矿产资源等状况不同，因此各县域资源开发历史的长短、人口数量、生产基础、产业结构和科技水平等社会经济条件也存在很大差异，这种差异必然会给陕西县域经济发展和国际产能合作带来不同的优势和特色。在国际贸易中，生产要素是自由交换的，陕西应充分利用各区域优势生产要素换取其自身比较短缺的生产要素，取长补短，将陕西各县域的潜在优势转换为现实优势。因此，对于陕西县域经济发展而言，不可能全面发展全方位、全门类经济，应该发挥陕南、陕北、关中地区各区域的比较优势，克服其比较劣势，依托各县域自身比较优势的生产要素，参与到国际产能合作与贸易之中，形成具有自身特色的产业和产品体系。目前，陕西县域经济发展基础还相对薄弱，在资源禀赋结构中，存在资本相对稀缺、自然资源相对丰富的现状。因此，在发展思路上，陕西各县域应该基于自然资源、自身区位优势和产业基础，根据自身优劣势，先大力发展劳动力密集型产业，再随着资源禀赋结构的升级，进一步发展技术和资本密集型产业，总体上走“你无我有，你有我优”的道路，选择各县域特色的优势项目，培育陕西各县域特色产业群，重点培育一些把陕西各县域传统文化工艺转化为特色产业、把潜在特色资源转化为现实增长点的项目，实现陕西县域经济技术结构和产业结构的优化升级。

（2）陕西县域应充分发挥资源禀赋优势，参与国际产能合作，加快转型升级。陕西省是中华文明的重要发祥地，其省会西安作为十三朝古都，蕴藏着丰富的能源资源和文化旅游资源，陕南、陕北、关中地区构成了大量的、丰富多彩的、具有鲜明地域特色的自然景观和人文景观，陕北县域是我国重要的能源重工业基地，具有丰富的煤矿、石油和天然气资源。然而，陕西的资源禀赋优势并没有得到充分发挥，表现在两个方面：一是对经济的增长作用还不够明显，已有的旅游产品结构和已形成的景观结构存在产品结构不能充分应对现代多样化旅游需求的问题，以及景观类型少、资源开发层次浅的现实问题；二是以煤为主的能源结构带来了严重的环境污染和生态破坏，更重要的是未来潜在的能源需求增长对社会可持续发展形成巨大压力。基于此，陕西县域应基于可持续发展目标，认真分析各区域资源禀赋结构，充分利用自身人文资源和能源资源，积极参与国际产能合作，实现转型升级。

（3）基于“一带一路”建设发展蓝田县域高质量特色经济。新经济形势下，资源禀赋优势是一个动态概念，会随着国家和区域的比较优势而不断演变，因此，不同的发展阶段会具有不同的比较优势。

目前，随着“一带一路”倡议的提出，蓝田由于便利的交通区位优势，其外贸经济发展迎来新的发展机遇，进入全面开放新格局重塑的关键期，比较优势较之前更富特色。蓝田县域高质量特色经济并非简单地发展资源经济，而是应该发展优势经济，以市场为导向，以“一带一路”为契机，发挥市场机制的调节作用，充分发挥蓝田县域经济资源的有效配置作用，制定符合蓝田县域经济特色发展的要素流动需要的产业政策，促进要素在市场机制调节下的区域组合，创造有利于蓝田特色产业参与国际产能合作的市场环境和平台。

2.3 产业共生理论

2.3.1 理论概述

（1）共生理论的提出与内涵。德国真菌学家德贝里（1879）最早提出了共生概念，指出共生是由于生存的需要，两种或多种生物之间必然会按照某种模式相互作用、相互依存生活在一起，形成协调进化、共同生存的共生关系。共生是不同种属的生物生活在一起，相互利用对方的特性形成共生模式一同生活的现象，并应用在生物领域。共生理论是关于不同物种的有机体之间的自然联系的理论。共生理论认为生命会主动地形成和改造它们的环境，并不像新达尔文主义所假定的那样消极被动地去“适应”物理化学环境；相反地，地球上所发生的进化过程中最重要的创新来源就是生命有机体与新的生物群体融合的共生。随着对共生理论的进一步研究与应用，20 世纪 50 年代之后，共生理论的研究范式与主导思想逐渐渗透到经济学、哲学等领域，并在法律、人文、社会等学科的研究中广泛使用。20 世纪 90 年代之后，我国主流经济学家开始将共生理论应用到小型经济中，对其在管理体制、企业体制等方面的特点和差异进行分析，并从共生行为模式、共生组织模式、共生界面、共生密度四个方面得出其共生状态，从而为共生理论引入社会科学领域提供了新的思维和方法。随着共生被越来越多的学者所接受，共生学说逐渐在生物领域成为一门分支学科，进而演变成一种独立的理论体系。

（2）产业共生理论及其内涵。产业共生现象最初在经济领域中发展起来，最早出现在 1947 年的国际《经济地理》杂志上，其在描述不同产业间的有机关系时首次使用了“产业共生”一词，并明确指出这种有机关系包括诸如一个产业的废物如何作为另一个产业的原料进行再利用等。产业共生概念最初在国外发达国家提出时，其产业经济和环境保护技术已经发展到比较领先的水平，主要是希望通过建立企业间的关联来实现产业系统物质的闭路循环和能量的梯级利用。后续很多年，产业共生理论没有引起太多的重视。具有现代意义的产业共生理论主要来自 20 世纪 90 年代的丹麦，著名的以废物交换利用为特征的卡伦堡产业共生体系是产业共生概念的现实载体。现代意义上的产业共生理论主要关注以下几个要点：一是产业共生是一定范围内的企业为提升自身竞争优势而在环境保护和资源节约利用方面进行合作的一种经济现象；二是产业共生研究是发现在一定区域内形成集聚效应的企业之间的协作规律，并在此基础上探讨其和优化机制的理论和方法的集合体；三是产业共生的目的在于实现区域企业集聚体综合效益的最大化，既关注经济效益，也关注环境效益和社会效益；四是产业共生主要致力于研究在传统的孤立产业间建立一系列联系，以便增强产业的竞争优势，实现产业共生的关键在于企业是否相邻，主要实现废物的再利用转化、基础设施共享和服务共享等。

2017 年，习近平主席在“一带一路”国际合作高峰论坛上提出“共享合作成果、共建合作平台、共商合作大计”的倡议。这一倡议与新时代社会、经济领域共生理论的内涵相吻合。共生是指不同区域和国家间的协同发展，是双边经济在发展中实现共生效应。国际产能合作下的共生理论与我国“一带一路”的发展要求自然吻合，主要通过对外出口、对外直接投资、工程承包等方式将我国优质的富余产能向国外转移，在为其他发展中国家提供经济增长动力的同时，进行我国产业结构的调整和升级，实现共生理论的内涵。基于此，选取共生理论作为本研究的理论基础。

2.3.2 基于共生理论的陕西县域经济高质量发展理论选择

（1）基于共生理论，积极搭建县域经济合作平台。基于共生理论的区域经济合作是优化资源配置、提升国家间竞争优势和增强相邻区域经济协同发展的重要途径。共生理论在区域经济合作领域的应用最先出现在欧洲。1950 年，法国提出建立欧洲超国家管理机构，联合经营德国和法国的钢铁和煤炭行业。卢森堡、荷兰、比利时、意大利、德国、法国六国于 1951 年在巴黎签订《建立欧洲煤钢共同体条约》，1954 年成立煤钢共同市场，并于 1957 年在罗马签订无限期的《建立欧洲经济共同体条约》和《建立欧洲原子能共同体条约》，1967 年六国将欧洲经济共同体、欧洲原子能共同体和欧洲煤钢共同体三家机构合并，统称为欧洲共同体（EC）。共生理论主要体现在提高合作双方的经济规模和经济速度，而不是重新分配资源，欧洲几个国家通过共同体合约签订，建立区域经济合作平台，充分发挥共生效应，实现了经济和产业的协同发展。由此可见，共生理论与区域经济合作具有较高的兼容性。陕西应充分学习和借鉴欧洲区域经济合作经验，基于“一带一路”建设契机，与沿线国家建立区域经济合作平台，尤其是在煤炭、钢铁、基础设施等方面建立合作机制，实现产业与区域经济协同发展。

（2）对外开放新格局下，充分发挥共生理论的协同效应，发挥陕西各县域与沿线国家国际经济合作的兼容性。2013 年，习近平主席提出共建“一带一路”倡议的总体要求是五个互联互通（资金融通、民心相通、政策沟通、贸易畅通、设施联通，简称“五通”），与沿海沿线各国打造共同繁荣发展的“命运共同体”和互利共赢的“利益共同体”，这一总体要求完全符合共生理论的核心内涵。共生理论在经济的发展趋势上具有持续增长的特征，其发展过程分为四个阶段：一是初期寄生阶段。最初寄生于区域经济，不产生共生能量。二是偏利性共生阶段。当发展到一定程度后会产生偏利性共生，即对一方有利而对另一方无害。三是非对称性共生阶段。当发展较为成熟时，国家间经济实现互惠共赢，产生非对称性共生。四是对称性共生阶段。当国家间经济协调发展时，则产生对称性共生。国际经济合作指国家间为满足各方实际或预期的经济需求而相互调整政策和行为的过程，并随着世界经济实践而不断发展的动态过程。共生的发展可加快经济增长速度，扩大生产规模，从而增加生产性就业机会。因此，共生理论同样适用于我国对外国际经济合作的发展，两者具有较高的兼容性。陕西各县域应抓住西部大开发新格局形成和“一带一路”倡议发展的关键机遇期，基于共生理论的核心内涵，与沿线国家在五个互联互通方面建立国际经济合作机制。

(3)“一带一路”背景下，基于共生效应，蓝田县域经济发展应充分发挥参与数字贸易的兼容性。共生理论倡导的共生效应，其特征主要是最终发展阶段的对称性共生、持续性增长与国际产能合作理念具有较高的相似性和兼容性。蓝田应充分利用陕西数字政府建设，大力发展数字贸易，借助创建电子商务进农村综合示范县的契机，将蓝田旅游、物流、农产品、康养、服务业等融合到蓝田全域旅游建设搭框架之下，基于“一带一路”建设契机，聚力打造“蓝田电商硅谷”，发挥共生效应。

2.4 人类命运共同体理论

2.4.1 理论概述

党的十九大报告将“一带一路”和人类命运共同体等内容写入《中国共产党章程》中。“一带一路”倡议是新时期我国向亚、非、欧大陆乃至全球提供的重要公共产品，被认为是21世纪最具前途的区域发展战略，旨在通过合作共赢推进“一带一路”建设，构建人类命运共同体，为沿线广大新兴经济体发展面临的“瓶颈”提供全新的系统解决方案[①]。党的十九大报告提出“推动构建人类命运共同体”，进一步提升了“一带一路”建设和构建人类命运共同体目标的战略地位。《愿景与行动》中将人类命运共同体的目标解读为“利益共同体、命运共同体和责任共同体”三个共同体。人类命运共同体具有丰富内涵，包括“经济上的互补、政治上的互信、人文上的互融”三个方面，主要可以从理论维度、时代维度和实践维度三方面来理解[②]。

（1）理论维度。构建人类命运共同体从理论层面主要有三方面的内涵：一是新时期对马克思主义相关理论的创造性运用和发展。马克思和恩格斯提出的“真正的共同体”内涵，是指一个人人平等、自主、相互尊重的和谐社会，习近平总书记提出的人类命运共同体是新时期对马克思和恩格斯共同体思想的继承和发展，通过“人类命运共同体”的打造，消除共同体的异化，逐渐走向“真正的共同体”[③]。二是对博大精深的中华传统文化中蕴含的命运共同体思想的批判性继承和创造性转化，体现了中华优秀传统文化所推崇的“和”与“仁”。习近平总书记指出：一个国家选择什么样的治理体系，是由国家的历史传承、文化传统、经济社会发展水平决定的，是由该国家的人民决定的[④]，构建“一带一路”人类命运共同体是符合人民利益的。三是对国际社会可持续发展等相关理念的吸收和借鉴。中国在推进世界经济治理体系改革，寻求应对全球气候变化挑战，消除地区安全隐患，实现绿色发展、包容发展的新模式中始终秉承人类命运共同体的思想，为实现全球可持续发展起到引领和推动作用。随着“一带

---

① 王亚军．“一带一路”倡议的理论创新与典范价值［J］．世界经济与政治，2017(3)：6－16，158.

② 刘建设．“一带一路”国际产能合作问题研究［D］．北京：中国社会科学院大学，2019：41－42.

③ 马克思，恩格斯．德意志意识形态［M］．北京：人民出版社，2003：63.

④ 习近平．习近平谈治国理政（第二卷）［M］．北京：外文出版社有限责任公司，2017：384.

一路”实践的不断深化，人类命运共同体的内涵也得到不断发展，文化、科技和金融等领域的共同体建设已成为时代发展的热点。

（2）时代维度。从时代维度上看，人类命运共同体建设是在“一带一路”沿线国家达成必须摒弃传统的“帝国”体制以及极端的“国族”认同的基础上形成的一种新型科学发展观，充分体现了以我国为首的广大新兴经济体迫切渴望形成与发展的“义利观”，也符合我国新时期对全球发展大势的判断。习近平总书记认为，新时期世界格局正发生剧变，传统的民族矛盾、恐怖主义和能源安全等问题，以及当代网络安全、跨国犯罪和环境治理等问题需要各国通力合作。他指出：要跟上时代步伐，就不能身体进入21世纪，而脑袋还停留在过去，停留在殖民扩张的旧时代里，停留在“冷战”思维、零和博弈的旧框内[①]。由此可见，习近平总书记提出的人类命运共同体思想正是解决全球发展问题的最佳答案，其把经济共繁荣、世界共和平的理念上升到理论高度，为当前世界的发展难题的破解提供了中国方案。

（3）实践维度。习近平总书记提出的构建人类命运共同体理论为实现中国梦提供了理论支撑，中国梦同世界梦是相辅相成的，在实现中国梦的同时协同世界上其他国家，为推动人类社会实现绿色和平与可持续发展的世界梦作出积极贡献，体现了社会主义大国的负责任态度。目前，中国正在实现中国梦与世界梦的协同与融合，正在以人类命运共同体思想为指引，通过中国精神和力量，重构国家形象，通过熔铸具有“一带一路”特色的文化驱动中国以和平发展为宗旨，建成全球负责任大国，不断提升全球话语权，提升国际认同度。“一带一路”是开放的、多元的、共赢的，这条路不是某一方的私家小路，而是大家携手前进的阳光大道[②]。习近平总书记提出开放、包容、普惠、平衡、共赢的全球治理理念，求同存异，开创文明秩序、实现陆海联

① 习近平．习近平谈治国理政（第一卷）[M]．北京：外文出版社，2014：273.

② 习近平．“一带一路”建设将为中国和沿线国家共同发展带来巨大机遇[EB/OL]．2015-10-22.

通和全球化的本土化，建设绿色、健康、智力、和平的丝绸之路，使中国与沿线国家成为共商、共建、共享利益和责任担当的命运共同体。“一带一路”扬弃了西式全球化，打造开放、包容、均衡、普惠的合作架构，开创新型全球化。中国将人类命运共同体思想融入“一带一路”的建设中，以负责任的大国形象参与全球治理，为推进中国与沿线国家的合作提供了深厚的实践基础。

2.4.2 基于人类命运共同体理论的陕西国际产能合作模式选择

（1）基于人类命运共同体理论，打造共商、共建、共享的全球治理新体系。“一带一路”建设秉持“共商、共建、共享”原则，绝非封闭的，而是开放包容的，绝非中国独奏，而是沿线国家的大合唱。“共商”指的是沿线国家集思广益、群策群力，共议“一带一路”建设；“共建”指的是沿线国家各施所长、各尽所能，共同建设“一带一路”；“共享”指的是“一带一路”的建设成果要与沿线国家共同分享。沿线各国通力合作，共同打造“一带一路”倡议的利益共同体、命运共同体和责任共同体①。上述内容与本书第7章中“一带一路”国际产能合作目标模式的构建原则密切相关，后面关于国际产能合作模式论述中提出需要在“一带一路”国际产能合作中坚持以习近平构建人类命运共同体思想为重要指导的原则，需要根据沿线国家不同的要素禀赋、比较优势和发展潜力，制定短期、中期和远期国际产能合作的目标。

（2）以双向开放为根本的共同体思想为陕西国际产能合作模式和路径提供了理论支撑。根据党的十九大报告精神，中国开放的大门不会关闭，只会越开越大。“一带一路”人类命运共同体理念的实践路径是以“一带一路”建设为重点，坚持“引进来”和“走出去”并重，形

① 刘武根．习近平“一带一路”战略思想初探[J]．高校马克思主义理论研究，2016，2(1)：78－85.

成陆海内外联动、东西双向互济的开放格局。发挥西北内陆地区在“丝绸之路经济带”国际产能合作中向西开放的门户作用，实现国内外市场的深度融合对接，推动“一带一路”与欧亚经济联盟对接国际产能合作等都是这一理论的重要内涵，陕西在这个新的开放格局重塑中具有重要的战略地位，人类命运共同体思想中提出的双向开放为本书第7章和第8章中陕西国际产能合作的目标模式和路径选择提供了理论支撑。

（3）构建和而不同、兼收并蓄的人类命运共同体平台是陕西国际产能合作方向与路径的理论选择。根据习近平推动共建“一带一路”、构建人类命运共同体理论，中国引领的“一带一路”建设是倡导互相尊重、平等对话的国际交往，渗透着“以和为贵”的价值主张①。沿线国家由于发展阶段不同，“一带一路”合作的模式也存在差异，但拥有共同的实现人类命运共同体目标，促进沿线国家共同发展。从目前“一带一路”推进的主要工程看，“五通”建设必然面临着摩擦，各国意识形态、发展理念、制度政策等方面的不同极易导致分歧，但是国家不论大小强弱，在“一带一路”建设中都应平等对待，在帮助自身发展的同时协助他国发展，沿线国家互帮互助、协同发展，构建和而不同、兼收并蓄的人类命运共同体平台必要且重要。本书第7章、第8章将基于构建人类命运共同体平台具体阐述陕西省国家产能合作的目标模式和路径选择等相关问题。

2.5 理论分析模型的构建

通过对比较优势理论与竞争优势理论、资源禀赋理论、产业共生理论和人类命运共同体理论的内涵的分析，基于陕西省县域及蓝田县经济发展的理论，论证了蓝田县域经济高质量发展的理论可行性，这四种理论形成了全书研究的理论基础，并形成了研究的四条横向理论

① 郝立新，周康林．构建人类命运共同体——全球治理的中国方案[J]．马克思主义与现实，2017(6)：7.

主线和四个纵向研究体系。一是通过比较优势理论与竞争优势理论的内涵、两种理论的比较及陕西县域和蓝田县基于此理论的外向型经济高质量发展的理论选择，提出陕西县域外向型经济发展需要依托基础的比较优势理论，充分利用其比较优势实现国际竞争中的竞争优势，在“一带一路”背景下加速比较优势到竞争优势的升级发展。应充分发挥自身的战略优势、区位优势、政策优势，开展国际贸易，在此基础上提出战略目标和县域布局目标，确定第 5 章蓝田县域经济高质量发展的目标模式。二是分析资源禀赋理论的内涵及陕西县域基于此理论的陕西省对外贸易的理论选择，提出应依托资源优势，发展陕西特色经济。陕西应充分发挥资源禀赋优势，加快转型升级，基于“一带一路”建设发展陕西高质量特色经济，在此基础上确定产业结构升级及产业布局目标，确定第 5 章、第 6 章内容体系。三是分析共生理论的内涵及陕西基于此理论的对外贸易的理论选择，提出陕西应基于共生理念，积极搭建区域经济合作平台，在“一带一路”背景下，充分发挥共生理论的协同效应，发挥陕西与沿线国家国际经济合作的兼容性，在“一带一路”背景下，基于共生效应，充分发挥参与国际产能合作的兼容性，确定国际产能合作机制目标和第 7 章内容体系。四是人类命运共同体理论的内涵及陕西基于此理论的对外贸易的理论选择，从理论、时代、实践三个维度论述人类命运共同体理论的内涵，提出基于人类命运共同体理论，打造共商、共建、共享的全球治理新体系，以双向开放为根本的共同体思想为蓝田县域经济高质量发展模式和路径提供理论支撑，构建和而不同、兼收并蓄的人类命运共同体平台是蓝田县域经济发展方向与路径的理论选择，确定蓝田县域经济高质量发展的理念、原则、目标模式，并对应第 8 章、第 9 章内容体系。从第 4 章开始，笔者将根据理论分析模型构建的内容和目标体系展开论述。

3

蓝田县域经济发展现状

3.1 蓝田县基本情况

蓝田在西周时称“弭（mǐ）”，为宗周管辖地区。周安王二十三年（公元前379年）开始置县，以《周礼》“玉之美者为蓝”，县出美玉，故名蓝田。蓝田历史悠久，人文荟萃，是中国人类活动和华夏文明最早的萌发地之一，被誉为早期人类生命的摇篮，中华民族的发祥地。在距今约115万年前的远古时期，“蓝田猿人”就在蓝田繁衍生息，完成了人类漫长的进化过程，并留下了各时期人类活动遗迹，境内有华胥氏陵、女娲氏谷、尊卢氏陵等地，亦有“伏羲城”等记载。蓝田县曾荣获“2019（首届）中国文化百强县”“中国最美文化旅游县”称号。蓝田县历史文化悠久，作为中国文化始祖伏羲和《吕氏乡约》的故乡，承载着深厚积淀的热土，流淌着文人墨客的古风遗韵，对中国传统思想文化产生了重大影响。《吕氏乡约》是我国历史上最早的成文的“村规民约”，其鼓励入约民众崇礼向善、守望相助，是北宋陕西蓝田吕氏兄弟创制的，故又称《蓝田吕氏乡约》，对后世乡村治理影响巨大。如今，蓝田县把弘扬乡约文化作为扶贫扶志的重要抓手，大力推广《蓝田新乡约》，以乡约文化助推扶贫扶志，2020年被中央文明办纳入“全国新时代文明实践中心建设试点县”。

现代的蓝田县地处秦岭北麓，位于陕西省关中平原东南部，东南两面以秦岭为界，与渭南市、商洛市相望，北部以横岭与临潼区为邻，西接长安区、灞桥区。蓝田县属西安市郊县，县城距市区约22千米。蓝田自古为秦楚大道，是关中通往东南诸省的要道之一。蓝田县山雄水秀，川美岭阔，“秦岭之秀钟蓝田”是古人对秦岭蓝田段旖旎风光、秀美山川的绝佳赞美。蓝田是大西安的战略水源地、生态屏障地、重要文化标识地和乡村旅游聚集区，享有“中国天然氧吧”“美玉之乡”“温泉之乡”“厨师之乡”“陕菜之乡”和“白皮松之乡”等美誉，2019年成功创建陕西省旅游示范县，获“中国最美文化旅游县”称号。

2019年年末，蓝田县户籍总人口65.61万人，常住人口53.61万人，其中，城镇人口18.24万人，常住人口城镇化率为34%。蓝田县总面积2006平方千米，其中山区、半山区占全县面积的80.4%。全县辖22镇（蓝关镇、华胥镇、洩湖镇、三里镇、普化镇、玉山镇、安村镇、前卫镇、孟村镇、汤峪镇、小寨镇、焦岱镇、史家寨镇、厚镇、三官庙镇、灞源镇、九间房镇、蓝桥镇、葛牌镇、辋川镇、金山镇、玉川镇）、9个社区（工业园社区、绿之圣社区、蓝丰社区、新民街社区、天鹅湖社区、蓝关社区、向阳路社区、长坪路社区、县门街社区），现有耕地面积77.6万亩，林地158.6万亩，森林覆盖率达50.1%。

2020年，蓝田县地区生产总值142.96亿元。其中，第一产业生产总值为32.38亿元，第二产业生产总值为22.11亿元，第三产业生产总值为88.47亿元，三次产业比例构成为23:15:62。2020年人均生产总值26480元（按常住人口统计），居民人均可支配收入18469元，其中城镇居民人均可支配收入24920元，农村居民人均可支配收入15851元，城乡居民收入比值为1.57，比上年缩小0.05，城乡居民收入差额进一步缩小。

3.2 蓝田县产业发展现状

3.2.1 旅游业发展概况

蓝田县地处绿海飘翠的关中平原和巍峨雄伟的秦岭怀抱之中，自然景观美丽而神奇，加上华夏历史人文集萃，如同一幅灿烂画卷。蓝田自然风光秀美，山雄、岭秀、塬坦、川阔，受到国内外游客的青睐，蓝田的美景、美玉、美食、美汤正如磁石般地吸引着数以百万计的中外游客。

蓝田县境内山、川、塬、岭地貌多样，现有古遗址、墓葬、建筑、革命旧址和石刻等416处，自然、人文资源极其丰富，旅游业发展条件得天独厚。山雄水秀，川美岭阔，风光神奇秀丽，中央山脉秦岭横贯全境，有“地质博物馆”之称。境内有峪口25个，流域面积在4平方千米以上的河流114条，是灞河、浐河两大水系发源地，也是“中国天然氧吧”，大西安生态屏障地、水源涵养区和美丽后花园。当前蓝田县已开发的A级景区有14处：白鹿原影视城景区、王顺山国家森林公园2处4A级景区；水陆庵、西安流峪飞峡生态旅游区、蓝田猿人遗址、蔡文姬纪念馆、西安辋川溶洞风景区、西安金鼎蓝田玉文化石艺博览园和蓝田丝路慢城玉山景区7处3A级景区；葛牌镇区苏维埃纪念馆、汪锋故居纪念馆、伊利集团西安乳业园、西安莲花山森林公园和西安玉山蓝河风景区等5处2A级景区。3A级景区与2A级景区数量约占A级景区的86%。

蓝田县以文旅产业为龙头，多产业融合发展，全面实施“旅游+”战略，构建全域旅游发展模式。2006年以来，全域旅游作为县域发展的支柱产业、三产融合的核心引擎，全力打造全国旅游示范县。2019年由西安旅游设计院规划编制完成的《蓝田县全域旅游发展总体规划》，绘制了蓝田全域旅游发展新蓝图，打造了围绕灞河的县城新区、白鹿原文创新区、物流新城的“一河连三区”新格局。蓝田县乡村旅游始于2000年前后，经过近20年的发展，已经从最初的依托旅游景点自发兴起的“农家乐”形式，逐步形成了以度假、休闲、观光为主体的休闲农业和乡村旅游产业。未来蓝田县还将在营销模式、市场监管机制、旅游品质、文物保护、旅游产业扶贫等方面全面、系统提升蓝田全域旅游的发展质效，立足旅游兴县，引领蓝田县域经济高质量、可持续发展。蓝田县以人居环境、美丽乡村、民宿建设、集体经济、污水治理等为重点，推进乡村振兴，助力脱贫攻坚，提升全域乡村旅游新颜值，建成西北最美乡村旅游体验观光长廊，让绿色“好环境”成为群众增收致富的“金饭碗”。全省率先免费开放县管景区，打开“蓝田人对外思想解放大门”，全域旅游经验受到国务院表彰、全国推广，建成白鹿原影视城等在全国有影响力的景区，“乡村让蓝田更美好”“星期天到蓝田”等品牌深入人心。蓝田县相继举办两届“诗意慢城”新春灯会、春游蓝田国际旅游文化节、西安首届中国农民丰收节、蓝田终南丰收稻宴暨民宿经济发展论坛、2018首届中国白皮松产业发展高峰论坛、第十一届国际葡萄与葡萄酒学术研讨会暨丝绸之路农村产业融合论坛等系列主题活动。2019年，蓝桥镇和青坪村、董岭村分别入选省级旅游特色名镇、乡村旅游示范村，蓝田县也分别荣获“陕西省旅游示范县”称号和“2019年全域旅游推进奖”。其2020年成功创建首批省级全域旅游示范区，打造精品体验游线路5条，新、改建旅游厕所12座。文旅产业健康发展，根据蓝田县文化和旅游体育局统计数据，截至2020年年底，蓝田县共接待各地游客2116.68万人次，实现旅游综合收入49.6亿元。

3.2.2 民宿业发展概况

蓝田县聚焦城市民宿和乡村民宿，以休闲、度假、康养为主要功能，以庭院造景、房屋个性化主题设置为主要内容，全面规划、因地制宜，组织引导各街镇充分利用和发挥本地特色，发展养老民宿、温泉民宿、写生民宿和红色民宿，倾力打造关中环线精品民宿集群，提升全域乡村旅游新颜值，打造“南莫干·北终南”的文化主题民宿新 IP。在发展民宿经济中，蓝田县始终坚持生态优先原则，积极践行“绿水青山就是金山银山”的理念，按照节约优先、保护优先、自然恢复为主的方针，统筹山水林田湖草系统治理，以绿色发展引领全域旅游、乡村旅游及民宿产业发展，将美丽乡村资源转化为“美丽经济”。

2018 年以来，蓝田县建成汤峪温泉民宿、葫芦山居民宿、蓝桥街村民宿、古寨民宿、葛牌红色民宿等民宿集群及桐花乡约民宿示范区、董岭民宿示范区等民宿示范区 12 个，全县发展民宿（农家乐）对象户 638 户，床位 5355 余张，民宿产业已形成多投资主体、多元化经营、多业态融合的发展模式。王府·城墙客栈、山水玉舍、白鹿原舍、桐花乡约分别荣获西安市第一届、第二届农民节“十佳民宿”称号；田园居董岭民宿入围第三届“十佳最美民宿”；白鹿原舍、王府·城墙客栈荣获“陕西省旅游民宿标杆示范单位”称号。2019 年度全面落实《加快民宿产业发展　助力乡村振兴的决定》，学习借鉴“浙江模式”，积极对接浙江联众等企业，编制完成《蓝田县民宿产业发展规划》，构建民宿产业梯次发展格局。白鹿原舍民宿、田园居董岭民宿、瓦罐儿设计型民宿荣获 2019 年“西安市精品民宿”。九间堂民宿、山水玉舍民宿、桐花乡约民宿荣获 2019 年度“西安市舒适民宿”。槐谷民宿、荷塘月色民宿、启泽民宿、岭隐葛牌山庄、鹿茗苑民宿、双养民宿 6 家民宿荣获 2019 年度“西安市经济民宿”称号，民宿新 IP 正在成为蓝田全域旅游的新支点。

2020 年，蓝田县立足县域经济发展实际，以民宿产业为引领，围绕“一年成体系、两年上规模、三年出成效”的民宿产业发展思路，已形成布局合理、结构优化、体系完整、特色明显、功能完善、绿色高效的现代民宿经济新格局。2020 年已完成王府·城墙客栈、白鹿原舍民宿、田园居董岭民宿、葫芦山居民宿、山水玉舍民宿、荷塘月色民宿、白鹿原影视城兰山房民宿、蓝野世外桃源民宿、云居·花谷林苑、瓦罐儿设计型民宿等精品民宿提升改造工程，新增等级民宿 10

家。九间房镇葫芦岔民宿、桐花乡约二期完成23户室内装饰、绿化并试营业。根据蓝田县文化和旅游体育局统计数据，截至2019年年底，蓝田县共发展民宿338户、床位2620张，申报等级民宿15户，培育11个镇街发展民宿示范村14个，年度挂牌示范户10家。白鹿原舍、桐花乡约荣获“西安市十佳民宿”。蓝田县荣获“2020中国最值得投资民宿区域”称号。蓝田县九间房镇桐花沟村通过“资源变资产、资金变股金、农民变股东”的“三变”改革，与专业团队合作，改造民宿27个院落，形成有100余张床位的精品民宿集群，年接待观光休闲游客超过2万人次，村集体每年固定分红100万元，同时还帮扶67户建档立卡贫困户。

2021年，蓝田县将进一步发挥民宿产业发展专班牵头抓总作用，出台民宿审批管理办法和扶持措施，持续推进民宿集群项目建设，不断完善配套设施建设，融入文化元素突出民宿特色，构建民宿多元化发展格局，同时将进一步引导促进民宿规范经营，让来“蓝”游客不仅宿“山”、宿“水”，更宿“文化”，真正将蓝田民宿打造成为“有温度的民宿”。蓝田县倾力打造“陕西省民宿第一县”，将蓝田县发展成为大西安的民宿先导县、示范县和旗帜县。

3.2.3 农业发展概况

3.2.3.1 农业产业化方面

蓝田县持续壮大村集体经济，在种植业、养殖业方面集中发展食用菌、花椒、樱桃等“6+X”产业，打造乡村振兴的特色农业，塑造“蓝田白鹿原”“滋水山耕”品牌。2019年，蓝田县组织多项农业产业园项目建设，如汤苑现代农业园区、方正绿洲草莓示范园、鹿走沟现代农业园区、兆丰樱桃示范园、硕丰樱桃示范园、乔世强葡萄示范园、东鹏桃园、英杰农场、三沐生态花卉产业园、西安远晖兰花卉展厅、天河蓝蓝菊花卉产业园、西河花卉产业园、文龙种养专业合作社、食用菌产业园等。

蓝田县充分发挥各区位优势，已初步形成了以白鹿原、横岭为主的粮食基地，以山岭地区为主的绿色无公害蔬菜和中药材基地，以东川为主的山区食用菌和设施蔬菜基地，以西川为主的特色水果基地，水安路周边形成了设施草莓产业带；另外，山岭地区奶山羊、塬区生猪、山外养鸡都形成了区位优势。

据蓝田县发展和改革委员会数据，2020 年全县粮食种植面积 60.2 万亩，总产量 11.89 万吨；蔬菜种植面积 6.13 万亩，产量 11.80 万吨，蔬菜示范园 5 个、草莓示范园 10 个；园林水果种植面积 6.4 万亩，油料种植面积 2.5 万亩，棉花种植面积 648 亩。2020 年，草莓、食用菌、圣女果成为农业经济新的增长点，以白鹿原水安路草莓产业带建设为核心区的草莓产业种植面积已经发展到 2300 亩，每亩年收益达 3 万元，其中超过 50 亩的大户有 17 户；全县食用菌产业占地约 1150 亩，建棚 2000 余栋，拥有 2 个市级现代农业园区，15 个专业合作社，18 个村级集体经济组织，生产规模达 1000 多万袋，预计年产值达 8000 万元；圣女果大棚 30 余座，每座大棚的年均效益能达到 3 万元以上。蓝田县以创建“陕西省奶山羊示范县”为抓手，集中连片培育千亿元级奶山羊全产业链，创建了“蓝田玉乳”“小羊倌”等品牌，成功引进美力源乳品项目。2020 年，蓝田县建成规模养殖场 39 家，养猪专业户 113 家，生猪存栏 3.5 万头，“蓝田县茂吉生猪产业园”被评为省级生猪标准化示范园区，石羊集团 30 万头生猪“云养殖”项目落户蓝田；发展、提升农民专业合作社 42 家，认定县级农业产业化联合体 3 个、家庭农场 18 个，创建省市农业产业示范园区 15 家。蓝田县华胥镇入选 2020 年全国乡村特色产业 10 亿元镇名单。目前，蓝田县已发展为中蜂产业扶贫全国示范县。2021 年 3 月 30 日，蓝田县与山东众邦惠美实业发展有限公司签订“蓝田县百合产业示范项目”战略合作框架协议。蓝田县正在努力把该项目建成脱贫攻坚与乡村振兴有效衔接的示范样板、国家一二三产业融合示范样板、蓝田农业现代化示范样板。

2020 年主要农产品产量及其增长速度见表 3－1。

表 3－1　2020 年主要农产品产量及其增长速度

产品名称	产量	比上年增长/%
粮食	11.89 万吨	4.6
蔬菜	11.80 万吨	7.9
水果	67910 吨	－2.2
奶类	13081 吨	3.6
禽蛋	7278.5 吨	0.4
猪年末存栏数	35842 头	0.2
牛年末存栏数	10412 头	－5.4
羊年末存栏数	20771 只	－11.9
家禽年末存栏数	105 万只	－16.0

数据来源：《蓝田县 2020 年国民经济和社会发展统计公报》。

3.2.3.2　农业服务体系建设方面

蓝田县通过机构改革，整合了县委、县政府农业农村工作行政管理职能，先后设立了县农业产业化发展中心、农产品质量安全检验检测中心、农村人居环境建设指导中心，分设了县畜牧中心、动物卫生监督所、动物疾病预防控制中心，改革基层农业产业技术体系和农技推广体系，组织开展农业领域的高新技术和应用技术研究、科技成果转化和技术推广，引进农业先进技术。同时，蓝田县注重农业农村人才队伍建设，在农业教育和农业职业技能开发、农业科技人才培养和农村实用人才培训等工作方面为其出谋划策，在农业服务方式、服务领域、服务能力方面进一步强化和提升。蓝田县积极开展农业产学研对接活动，与市科技局、西安文理学院生物与环境工程学院、西安市农技中心农业专家、县级相关部门及农业领域企业等加强合作交流，召开农业产业发展产学研协同创新对接会，正视存在的问题，着力补短板强弱项，多措并举地促进农业先进技术成果转化应用，加强先进技术和农业产业结合，加快全县农业产业发展。

3.2.4 工业发展概况

3.2.4.1 家具工业

西北家具工业园位于蓝田县华胥镇，是陕西省家具协会、蓝田县政府、西安新港实业有限责任公司联合打造的全功能高端家具工业园，是集经济效益、社会效益和环境效益于一体的生态工业园。园区占地7平方千米，总投资超100亿元，是集生产、材料供应、产品营销于一体的全功能高端家具产业园区。园区划分为家具生产制造区、原材料供应区、产品展示区、总部经济平台、仓储物流区、生活配套区六大功能板块区。同时园区还设立产品研发中心、产品检验中心和教育培训中心。目前，西北家具工业园已成为西北地区规模最大和功能配套最全的高端家具产业园。园区区域优势明显，与西安纺织工业园相毗邻，距离西安东三环仅6千米，距沪陕高速蓝田出口仅2千米，交通便利，物流快捷。

西北家具工业园的建设对地方经济的发展起到较大的拉动作用，可推动蓝田县经济集约化、规模化发展。2019年，西北家具工业园入园企业169家，投产企业137家，规模以上工业企业达到25家，带动就业1.35万人。2020年，西北家具工业园实现产值24.86亿元，拟实现“十四五”期间园区投产企业300家以上，新增规模以上企业20家，高标准规划“十里家居长廊”项目，进一步补强家具产业链条，提升“蓝田家居”地域品牌的知名度。西北家具工业园的建设受到陕西省政府的大力支持，2010年被批准为“陕西省100家重点县域工业集中区”，2013年被列为“陕西省重点建设项目”，同年被西安市中小企业促进局评为“中小企业公共服务示范平台”，2014年被评为“西安市先进集体”，2016年被评为“西安市小型微型企业创业基地”。

3.2.4.2 食品工业

位于蓝田县洩湖镇的西安食品产业园，是由陕西润和食品产业园开发股份有限公司开发，由市、县级政府重点推进和支持，为食品相关产业链的中小企业专门开辟的孵化及发展壮大区。项目规划总面积5000亩，建筑面积将达到300万平方米，吸纳多家省内以及国内食品产业链生产厂家，含农特产品加工区，粮油、副食品加工区，水产、调味品加工区，乳品、饮料产品加工区，清真食品加工区，食品添加剂加工区，食品机械、包装加工区，商业物流配套区与行政金融、信息咨询中心等，满足各界人士对食品产业的各种消费需求。同时提供产业政策支持、功能配套支持、投资融资金融、资源信息传播、能源研发创新、后勤保障服务六大服务平台，将建成“西部领先、全国一流”，年产值超100亿元的新型品牌食品产业园示范基地。

3.2.4.3　玉石产业

作为中国“四大名玉”之一，蓝田玉是我国开发利用最早的玉种之一，迄今已有5000多年的历史，是蓝田县的一个象征。现代开采的蓝田玉矿床位于蓝田县玉川镇红门寺村一带，含矿岩层为太古代黑云母片岩、角闪片麻岩等。玉石为细粒大理岩，主要由方解石组成。2004年2月3日，国家质检总局批准对蓝田玉实施地理标志产品保护。蓝田玉储量丰富，据地质部门勘测，探明玉矿带4条，玉矿资源达1100万立方米，但由于既缺乏对蓝田玉文化属性的系统性深入研究，又缺乏现代化开采技术和设备，蓝田玉石资源开采几乎处于停滞状态。蓝田玉石产业发展虽历史悠久，但至今仍是以小作坊式为主的、零散的手工、半手工产业，尚未形成规模经营。据相关调查数据，目前，全县经营玉石工艺品的门店500多家，且多为个体散户，玉石经销从业人员5000余人，大多为初级技术水平，没有国家级玉石雕刻和工艺美术大师，省级玉石雕刻大师仅有6人。同时，蓝田玉市场培育滞后，蓝田玉以销售初级产品为主。

在“文化+”战略指引下，2018年11月蓝田县人民政府印发了《蓝田县全面促进蓝田玉雕产业发展的实施意见》，旨在优化县域产业布局，调整产业结构，提升蓝田县文化软实力，打造新的县域经济增长点和文化产业高地。蓝田县玉雕产业的发展，将在全国范围内形成具有较强影响力的玉雕产业集聚区，打造中国西部玉雕中心和原料集散地，使蓝田玉雕产业成为一张文化金名片和新的经济增长点。蓝田县计划通过3～5年努力，将玉雕产业培养成资源特色突出、市场定位鲜明的特色优势产业。到2021年，从事玉雕生产的人员达1000人以上，带动全县产业链从业人员达5000人以上，全县玉雕产业产值达到10亿元以上。

3.2.5 物流与电商发展概况

3.2.5.1 物流业概况

蓝田县自古为秦楚大道，是关中通往东南诸省的要道之一，处于西安市半小时经济圈。蓝田有西商、沪陕、渭玉、福银4条高速11个出口，西合铁路、西安外环高速、西武高铁、通航机场、312国道、101省道、灞河大道、环山公路等穿境而过，农村公路总里程2698千米，蓝田将步入路港时代、高铁时代、空港时代。近年来，蓝田县致力于打造智慧商贸物流新城，让更多的物流、人流、信息流聚集到蓝田，实现互利共赢。

2020年，蓝田县交通运输、仓储和邮政业增加值4.72亿元，增长28.1%。其中，货物运输总量819万吨，货物运输周转量58630万吨千米；旅客运输总量411.3万人次，旅客运输周转量30569.7万人千米。年末全县公交汽车营运40辆，实有出租汽车数180辆，出租车客运量394.8万人次。蓝田县域范围内快递配送企业12家，物流配送站点达100余处，其中西北新港仓储物流中心建筑面积1.2万平方米，可供产品中转。全年邮政业务总收入4057.4万元，邮政行业完成邮政函件业务量44691件，包裹业务量5077件，快递业务量103.4万件。

商业航空方面。蓝田县城距西北地区最大的空中综合交通枢纽——西安咸阳国际机场仅1小时车程，以西安咸阳国际机场为始发原点，1小时航程可覆盖中西部主要城市，2小时航程可覆盖全国

70%的行政区，3小时航程可覆盖全国（港澳台地区除外）所有重要城市，有助于快速对接全国市场和经济资源。通用航空方面，蓝田通航小镇和白鹿原直线距离3千米，规划建设西安通航机场，距离县城半小时车程。

铁路运输方面。蓝田县城距西安高铁北客站约50千米，距西安火车站约30千米，距建设中的高铁南客站50千米，距规划中的西安东（纺织城）站30千米。“西武高铁”（西安—十堰段）在焦岱镇设立站点，工程已于2018年12月27日开工，并于2020年全线通车。西安—合肥铁路在灞源镇设三级火车站。

公路运输方面。G40（沪陕高速）、G70（福银高速）以及2020年建成通车的西安外环高速南段（南四环）横穿县域全境，渭玉高速纵贯县域东南，4条高速公路在域内共设10余处出入口。国道G312、县域省道S101、关中环线S107省道及S108省道、西安南横线和县道X101、X318纵横交错，全境各景区（点）、村落均实现通公路、公交。

物流基地建设方面。蓝田县全面布局，以“物流+”发展战略为指引，以大西安的“国际运输走廊”和“国际航空枢纽”为定位，以发展临空经济为目标，启建西安通用机场、通航小镇。借助便捷的交通资源和传统优势，在县工业园、西北家具工业园、玉山镇、前卫镇建立4个仓储物流配送基地，为电子商务发展提供仓储流通领域的基础条件，引进并争取知名电子商务运营商落户蓝田，建立区域性的物流集散中心、服务中心和运营中心。

3.2.5.2　电商发展概况

电商扶贫方面。2018年以来，蓝田县以创建全国电子商务进农村示范县为契机，把发展农村电子商务作为贫困地区群众脱贫致富的重要抓手，通过电子商务平台引领“大众创业、万众创新”，助推精准扶贫，带动贫困户增收，取得显著成效。目前，蓝田县建成镇级电商服务站10个，村级电商服务点136个，其中贫困村建成电商服务点35个。各站点优先销售贫困户的农特产品，支持服务站点与贫困户建立销售关系，对服务站点年网络销售贫困户农特产品达到预定销售额的给予一次性奖励。2019 年村级电商网点农产品线上销售额超 2000 万元，全年电商交易额 16.7 亿元，消费市场活力迸发，已通过全国电子商务进农村综合示范县验收。截至 2020 年年底，蓝田县电商服务站点已与 1200 多户贫困户签订了销售协议，带动贫困户 3600 多人实现增收。

2020 年，蓝田县建成韵达西北快递电商总部基地、蓝田县电子商务运营中心、邮政电子商务孵化中心、西北家具工业园电商运营中心、创客中心线下体验馆和淘宝蓝田玉旗舰店、蓝田县特产官方店，电子商务交易额达 19.23 亿元。韵达西北快递电商总部基地项目是 2020 年省级、市级重点项目，位于蓝田县洩湖镇薛家河村的工业园二期规划一路以西，项目占地 270 亩，总投资 5.5 亿元，建筑面积 14 万平方米。项目建成后，年可实现销售收入 2.67 亿元、上缴税收 2000 余万元，吸纳劳动力就业 600 人。将引进 30 多家与韵达关联度高的大中型电商企业到蓝田落户，建成西北最大的物流商贸产业基地，带动 2000 多人就业。

电商运营管理方面。蓝田县围绕电子商务发展沿革、基本理论、基本知识、典型案例等内容，通过举办“蓝田大讲堂”、电商专题讲座等形式，邀请电子商务运营管理方面的专家、人才，对各级领导、干部，驻村工作队，村组干部以及电商行业“新农人”等电子商务人才进行辅导培训。2020 年 10 月，蓝田县举办“乡村旅游转型与经营电商化”专题讲座。2020 年 11 月，蓝田县采取“理论辅导 + 现场教学”的方式，加快电子商务人才培养步伐。同时，创新电子商务人才培训现场教学模式，分批次组织人员到武功电子商务产业园区、西北“网红”直播基地实地参观走访，采取现场参观和岗位练兵等形式，把培训课堂开进工业园、产业园和开发区一线。目前，蓝田县电商产业发展势头迅猛，电商产业已经成为该县经济新的增长极。

3.2.6 金融业发展概况

金融机构及其业务规模。2020年，蓝田县金融业增加值7.56亿元，增长6.8%。截至2020年12月底，蓝田县金融机构各项存款余额217.44亿元，比上年年末增加11.9%；各项贷款余额132.77亿元，比上年年末增长14.5%，存贷比达61.06%。2020年年末，蓝田县全县国有保险机构2家，分别是中国财产保险和人寿保险蓝田支公司，全年保费收入18404.8万元。

金融扶贫能力和效果方面。截至2019年年底，蓝田县累计发放扶贫小额贷款3351笔8458万元，其中蓝田县农业银行发放贷款1012笔2957.70万元，占比高达35%；累计发放企业贷款4.1亿元，其中蓝田县农业银行惠农e贷投放白皮松贷款4000万元，开启了蓝田县“统贷联放”新模式，助农保险服务范围扩大作用深化。蓝田县农业银行相继在全县设立惠农通网站300余个，累计发放涉农资金11亿元，为蓝田县农村普惠金融树立了标杆。据统计，截至2020年第一季度，蓝田县共计投放改善农村人居环境“四好公路”建设中长期扶贫贷款1.8亿元，投放“蓝田县百村产业提升”项目产业扶贫贷款7100万元。这些贷款支持的项目将惠及蓝田县17个乡镇、101个村，直接带动建档立卡贫困人口1135人，辐射带动建档立卡贫困人口3.6万人。蓝田县人民政府金融工作办公室先后印发了《蓝田县扶贫小额信贷逾期风险防控处置办法》《蓝田县扶贫小额信贷风险补偿金代偿使用办法（试行）》及《蓝田县扶贫小额信贷风险防控联席会议工作方案》等文件，强化政策执行，落实责任追究，保障农户利益。

营商环境的优化方面。积极探索企业重点项目融资，成功实现交建公司向中国农业发展银行申请融资1.8亿元；加大税银贷推广宣传，通过“云税贷”“诚信纳税贷”等创新，为企业提供信用贷款，化解融资难、融资贵问题，不断提高民营企业、小微企业的融资效率；积极组织金融机构开展对企业走访活动，截至2019年12月底，蓝田金融办累计走访企业100余家，促成企业贷款4.8亿元，通过陕西省农业信贷融资担保有限公司蓝田办事处担保发放贷款5000万元；加大县域创业促就业贷款的发放力度，截至2019年12月底，累计发放创业促就业贷款5000多万元。中国人民银行陕西蓝田县支行积极引导金融机构优化金融服务，针对蓝田县重点扶贫产业——西安选锋农业发展有限公司的核桃深加工项目因受新冠疫情影响造成经济损失，会同蓝田县中银富登村镇银行、邮储银行蓝田支行和农业银行蓝田支行利用“统贷联放”金融服务模式，先后为西安选锋农业发展有限公司发放贷款450万元，利率为4.55%。另外，为西安军源牧业有限公司发放贷款81万元，利率为4.0%。蓝田县辖金融机构按照新冠疫情期间“特事特办、急事急办”的原则，优化信贷审批手续，为复工复产、春耕备耕等开通绿色通道。截至2020年年底，全县累计发放春耕备耕类贷款2842.9万元，复工复产类贷款1.04亿元；累计拨付防疫资金196笔，金额1673.19万元，实现零误差、零延误。针对受疫情影响出现债务偿还难、资金周转难等暂时性困难的企业，蓝田县金融机构采取灵活的还本付息对策，且对产生的逾期贷款不记入征信记录。仅此一项共为企业延期还本付息79笔，共3854万元。

3.2.7　幸福产业发展概况

蓝田县坚持以人民为中心的发展思想，落实惠民举措，持之以恒地保障和改善民生，人民生活从物资匮乏、追求温饱，到丰衣足食即将全面小康，学有优教、病有良医、住有佳居、老有所依，群众幸福感越来越强。

据蓝田县发展和改革委员会统计数据，截至2020年年底，蓝田县已成功推进22个民生项目建设，完成投资7.28亿元；建成宜居社区10个、幸福社区4个，并持续开展县城社区“15分钟便民服务圈”建设，交通、购物、健身、休闲等公共服务供给水平进一步提高；学校布局不断优化，城区新增学位2880个，配备校车45辆，惠及学生

2000 余名，在西安市率先实现农村义务教育学校和公办幼儿园免费校车全覆盖，并优化优质教育资源配置；医疗机构、综合医改、医疗设备及医药用品等项目有序推进，有效缓解群众看病难题；加强养老服务设施建设，新建农村幸福院 15 个、养老服务中心 1 个、居家养老服务站 1 个，新增民办养老机构 2 家、养老床位 867 张，县级智慧养老信息平台建成投用，全县居家养老服务设施实现 100% 全覆盖；扎实开展就业援助，城镇新增就业 5191 人，城镇登记失业率为 3. 69%；落实阶段性减免企业社保费政策，减免社保资金 3845 万元；举办“我们的节日”等群众性文化活动 120 场，创作文艺作品 20 部，建成书店、书屋、书吧 15 个，丰富了群众精神文化生活；率先完成 2 块社会足球场地市考核指标任务和天鹅湖全民健身广场建设项目，积极促进文旅体育融合发展，举办“我要上全运”全民健身“云”行动走进白鹿原影视城活动；完成全国第五次全民健身活动状况入户调查工作（13 村 186 户），建成蓝田县国民体质监测站，完成全国第五次国民体质监测工作（400 列样本）；开展全民健身体育设施大检查、大整治工作和“暖阳在 XI’AN”关爱空巢老年人体育志愿服务和“五进”活动；配发体育健身器材 69 套，进一步发挥村级公共文化服务中心作用，满足广大人民群众精神文化生活需要。

据中国农网 2020 年 9 月 3 日报道，以养老服务为主的高品质智能化社区——西安市蓝田耘谷田园综合体项目目前已进入立项审批阶段。蓝田耘谷田园综合体项目以生态田园特色农业为基础，以“渔、樵、耕、读、居、乐、养”为核心，以上林苑为主题，以“养生养老、休闲旅游、农业生产”为主要功能，打造出一个以汉朝文化为特色，集农耕、文化、乡居、养生于一体的复合型山水田园生态养老度假区。该项目不仅是蓝田县农村产业振兴样板示范区和全国农村一二三产业融合发展先导区，也承载着蓝田人民的幸福生活。

3.3 秦岭蓝田段生态环境保护发展现状

3.3.1 践行“两山”理念，树立“好环境就是美生活”意识

坚持生态优势金不换，践行“两山”理念，谨遵习近平总书记秦岭违建整治重要指示批示精神，按照追赶超越定位和“五个扎实”要求，紧扣“五新战略”任务，围绕建设大西安目标，坚持走生态优先、绿色发展之路，拼搏奋进、奔跑冲刺，县域发展蒸蒸日上、生机勃发，持续释放蓝田生态、人文、区位优势，使绿水青山成为源源不断的金山银山。2016 年以来，取缔砂场 77 家、砖场 55 个、预制场 16 个、白灰场 6 个、采石采矿点 48 个。按照“四个彻底”要求，集中拆除秦岭违建 173 处 10.1 万平方米、农家乐 193 户，绿化 17 万平方米，栽树 3.9 万余株。设立“河（湖）长”355 名、“网格员”141 名，狠抓“七项机制”，以铁的手腕保护秦岭山脉。

蓝田县以生态环境为依托，围绕全域旅游强化环境整治与建设，全面践行“两山”理念，严守“生态红线”，突出秦岭保护，在推进经济发展的同时注重生态保护、人居环境改善和美丽乡村建设。蓝田县把生态环境保护作为首要任务，出台《秦岭生态保护条例》地方标准，创新路长制、河长制和网格长制，实施人居环境整治、污水治理等工程。陕西省农村精神文明建设暨“美丽乡村·文明家园”经验交流会，西安市农村污水治理、人居环境整治推进、“美丽人家·美丽庭院”创建现场会先后在蓝田召开。蓝田县先后荣获“首批国民休闲旅游胜地”“全国最受欢迎旅游县”“中国最美文化旅游县”“中国天然氧吧”等称号。

3.3.2 “保护+改善”，健全秦岭蓝田段生态环境保护长效机制

蓝田县持之以恒抓好秦岭生态环境保护，高标准实施全域治水碧水兴城和“三河一山”绿道建设，灞河“一河两岸”水清岸绿、碧波荡漾，水鸟闲庭信步，市民幸福满满，蓝田生态价值倍增。蓝田县

全面落实《蓝田县2020年秦岭生态环境保护工作要点》文件精神，扎实做好秦岭生态保护工作，秦岭保护长效机制进一步健全完善。蓝田县紧盯秦岭生态环境保护审计和市县网格化管理反馈问题整改，完成了冯林寨村13户老旧闲置宅基地及火烧寨村免烧砖厂拆除；实施了终南广源矿点附近水毁河堤工程修复绿化；彻底拆除了雷家湾生态农业园乱搭乱建违建，对辖区的违规倾倒土渣进行了清理覆土复绿。在徐家山、黄沟、薛家村、张寨等村大力开展“三园”（大花园、大果园、大公园）建设，新建生态林2300余亩，年度义务植树约11万株。蓝田县严格落实森林防火三级责任，年度实现了“零火点”；建成32千米关中环线最美绿色景观长廊等生态景观，实施灞河生态产业带，形成“鹿原与白鹭齐飞，灞河共长天一色”之美景。

蓝田县全面落实《铁腕治霾·保卫蓝天三年行动方案》要求，10名专职网格员利用智慧环保三级监控平台24小时线上监控治污减霾，完成夏、秋两季秸秆禁烧，巡查期间，扑灭临时性火源100余处，完成“煤改洁”核查11958户。完成市县级环保督办单132份，排查企业、工业污染源183家，整改扬尘问题20个。进行渣土车专项整治，夜间执勤巡查106天，查处渣土车违法拉运行为6起。2020年12月中旬，按照县委、县政府的安排部署，开展了为期10天的大气污染防治攻坚行动，发动街村干部163人，下发停工通知书24份，拆除燃煤炉100余户，查封散煤销售点3个，圆满完成了大气污染防治攻坚行动各项工作任务。全年空气优良天数292天，再创历史新高，稳居西安市第一位。荣获“中国天然氧吧”称号，好山、好水、好生态成为蓝田的显著标志。

实行“山水林田湖草”系统治理，污水治理、改厕改水齐抓共治，垃圾分类、农家乐整治“双轮齐驱”。“种树就是种幸福”，蓝田县集中连片开展造林增绿活动，据蓝田县发展和改革委员会发布的《关于蓝田县2019年国民经济和社会发展计划执行情况及2020年国民经济和社会发展计划（草案）的报告》，栽植苗木229.5万株，发展经济林3400亩；积极创建国家生态文明示范县，率先在西安市推进“三园”建设，并完成投资2840万元，栽植经济林3100亩、生态林2140亩。完成水源涵养林、“五路”两侧绿化、人居环境整治绿化提升等工程补植650亩，栽植苗木22.8万株，全年植树造林10000亩。完成“五路”（沪陕高速蓝田段、蓝田县白鹿原旅游专线、蓝葛路、焦汤旅游专线、民俗村道路）绿化工程、招聘秦岭保护专职网格员72名、设立保护驿站3个、建设App智慧平台、实行科学管山、完成654个秦岭违建问题整改，“五乱”（乱搭乱建、乱采乱挖、乱排乱放、乱砍滥伐、乱捕乱猎）治理行业乱点全部清零；着力推进土壤保卫战，开展涉土行业、企业及土壤问题突出区域核实调查，尧柏水泥、宝润环保公司土壤环境调查通过专家评审；着力推进“大棚房”专项整治工作，完成83个“大棚房”问题整改；着力推进垃圾分类，成立生活垃圾分类管理中心，建成可回收物分拣中心、大件生活垃圾拆分中心、有害垃圾暂存点和1座小型餐厨垃圾处理厂，全县公共机构生活垃圾分类覆盖率达到100%；着力推动蓝天保卫战，实施“煤改洁”4.96万户，完成40座加油站三次油气回收治理和地下油罐更新改造，136家“散乱污”企业整改通过生态环境部验收，汾渭平原大气污染督察反馈问题全部销号。生活垃圾无害化处理项目在西安市率先建成投运，固体废物综合处置场项目稳步推进。全年空气质量优良天数265天，连续3年稳居西安市第一位。坚持“铁腕治霾”，2016年以来，累计削减煤炭22.4万吨，“煤改洁”5.5万户。

3.3.3 稳固生态屏障，坚持扩展河流的全流域治理

通过开展河道“四清”，集中整治营上、榆林、黄沟等辋河沿岸一批违建乱倒突出问题，违法乱象得到彻底遏制。为确保生态屏障更可靠，水源保障更安全，蓝田县着力推进碧水保卫战，完成灞河水源地一级保护区12处污水治理和厚镇北峪河北峪村段等17处水毁堤防修复工程，南区泵站、万田污水处理厂二期扩建项目投入使用。

与此同时，蓝田县积极开展河流治理的改革实践，主动将河流治理从单一扩展向全流域治理延伸，在河流治理领域进行了全面系统的创新。在河流治理上，蓝田县坚持“柔性治水”原则，以灞河为重点，美化清澈全县河流，投资42亿元实施灞河生态产业带项目和灞河水源地环境治理、浐河汤峪综合整治工程。按照景观化打造理念，建成了焦岱“十里稻香”、九间房镇“千亩荷塘”等以水系为主的“旅游＋水利”项目。如今的灞河边已经成为“碧波与鹿原相映，灞水共长天一色”的湿地公园，为蓝田增添了一处居民与游客必去的“打卡地”。

《2021年蓝田县人民政府工作报告》中显示，2020年，蓝田县严格执行《蓝田县秦岭生态环境保护监督办法》，建立秦岭生态环境保护委员会全体会议、联席会议等机制，设立6个秦岭网格化管理区域站，实现了网格化管理全覆盖。加快秦岭北麓生态修复，完成4条峪口峪道综合整治提升和秦岭北麓3000亩植被恢复工程。加强野生动植物保护，排查各类餐饮企业980户、集贸市场12家，关闭农家乐239家，全县野生动物养殖场全部平稳退出。持续推进水源地综合治理，浐河、灞河水质达到功能区要求，出境水质指标全部达到断面标准，清峪河小流域综合治理工程顺利完工。深入开展大气污染防治，对7家燃油、生物质锅炉和34家涉VOC企业开展检查整治，查封1起、处罚13家。成立禁烧督查组，全天候开展巡查，实现夏、秋季秸秆禁烧“零火点”目标。扎实开展污染防治工作，实施“煤改洁”1.73万户，PM2.5、PM10平均浓度分别为38微克/立方米、67微克/立方米。编制《蓝田县土壤污染防治评估报告》，完成土壤疑似污染地块调查评审。建立“散乱污”企业网格化常态监管机制，坚决遏制“死灰复燃”“异地转移”，保持“动态”清零。扎实推进垃圾分类工作，配备分类垃圾桶2.5万个、各类转运车辆101辆，建成清洁驿站8座、垃圾收集点400处，生活垃圾集中收集率达100%，无害化处理率达90%，开展垃圾分类的村庄占比达45%。

4

蓝田县域经济发展的制约因素与问题分析

我国县域面积约占国土总面积的94%，县域人口约占全国总人口的70%，县作为我国纵向管理的一个基本层次，是城乡接合的纽带，县域经济是一二三产业融合发展的经济衔接带，既是城镇经济与农村经济的接合部，又是工业经济与农业经济的交汇点，也是宏观经济与微观经济的衔接处，在化解“三农”问题等方面发挥着不可替代的作用。党的十九大报告提出，在未来发展中要坚持实施乡村振兴战略，坚持农业农村优先发展，按照产业兴旺、生态宜居、乡风文明、治理有效、生活富裕的总要求，建立健全城乡融合发展体制机制和政策体系，加快推进农业农村现代化，发展多种形式，适度规模经营，培育新型农业经营主体，健全农业社会化服务体系，实现小农户和现代农业发展有机衔接，涵盖先进制造业的升级转移、生态农业的圈层辐射、现代服务业的深度融合、商贸旅游业的相融相渗，以此来唤醒沉睡的县域经济发展潜力，促进农村一二三产业融合发展。

4.1 蓝田县域经济发展的制约因素

由表4－1可知，蓝田县2019年全年生产总值为149.23亿元，与2018年全年生产总值（151.67亿元）相较，下降了2.44亿元，1.6个百分点，在西安市的14个区县中排名稳定在倒数第2；2019年其在陕西71个县域中排第22位，与2018年在72个县域（2019年子长县撤县设市）中排第16位相比，下降了6位；在陕西省的107个区县中排名第52名，相较于2018年的第44名，下降了8位。总体来看，蓝田县在整个陕西省的县域经济发展中排名位置在下降，而陕西省的经济发展在全国各省经济发展中尚不处于领先地位，由此可知，蓝田县的县域经济发展在全国县域经济发展中的地位也比较落后，其经济发展依然有长足的提升空间，究其原因主要有以下制约因素。

表 4-1　2018 年和 2019 年西安市各区县生产总值排名

排序	区县名称	2019 年/亿元	2018 年/亿元	增加值/亿元	排名变化
1	雁塔区	2271.01	1757.98	513.03	稳定
2	碑林区	1013.97	965.26	48.71	降 1
3	未央区	1255.07	964.83	290.24	升 1
4	长安区	1001.21	909.11	92.10	稳定
5	莲湖区	789.05	820.73	-31.68	稳定
6	新城区	605.93	650.64	-44.71	稳定
7	灞桥区	489.19	480.78	8.41	降 1
8	西咸新区	520.72	381.94	138.78	升 1
9	高陵区	374.44	378.45	-4.01	稳定
10	阎良区	255.06	250.10	4.96	稳定
11	临潼区	242.69	237.52	5.17	稳定
12	鄠邑区	180.23	217.26	-37.03	稳定
13	蓝田县	149.23	151.67	-2.44	稳定
14	周至县	137.15	146.27	-9.12	稳定

数据来源：《西安统计年鉴》。

4.1.1　人口结构因素

社会发展的根本动力是社会生产力，劳动者、劳动资料和劳动对象又是构成社会生产力的主要因素，在这些构成因素中，劳动者也就是人是生产力发展中最为活跃的因素，经济要想健康平稳地发展离不开人口因素，人口因素对经济发展起着至关重要的作用；而在人口因素中，人口结构因素又最为重要，是制约经济发展的决定性因素。《蓝田县 2019 年国民经济和社会发展统计公报》信息显示，截至 2019 年年末，全县户籍总人口 65.61 万人，比上年的 65.69 万人减少 814

人，其中，男性人口34.07万人，女性人口31.54万人，男女比例为52∶48。截至2019年年末，蓝田县常住人口为53.61万人，其中城镇人口18.24万人，农村人口35.37万人，常住人口城镇化率（城镇人口占常住人口的比重）仅为34.0%。据近两年《西安统计年鉴》数据可知，蓝田县在西安市的14个区县中年底总人数（常住人口）一直位于阎良区、高陵区之前的倒数第3位，且2019年常住人口比2018年同期减少了700余人，2018年在西安的10个涉农区县中，蓝田县常住人口有53.68万，其中农村人口的基数较大，有35.76万人，城镇人口只有17.92万，城镇人口所占比例较低，仅为33%，位居西安市所有区县之末。在农村人口占比较高的人口结构中，2018年年末农村常住居民人均可支配收入仅为13404元，2019年年末为14731元，增长9.9%，而同期（2019年年末）城镇常住居民人均可支配收入为23893元，由此可见，城镇常住居民的同期收入远高于农村常住居民，农村常住居民的人均收入要想有大幅提高，需农村人口向城镇人口转化，通过提高城镇人口比率，实行城镇化战略，从而逐步提高城镇化水平，而城镇化是农业社会向工业社会、信息社会、智慧社会发展引发的人口和生产要素的一种聚集方式和过程，具有中国特色的城镇化道路主要是以人的城镇化为核心，强调以人为本、“四化”同步、优化布局，否则像蓝田县这种农村人口基数大、占比高的人口结构在很大程度上会造成城镇化进程缓慢，从而制约蓝田县域经济的发展。

4.1.2 自然资源和地理条件因素

县域经济的发展除了人的因素之外，客观物质条件也非常关键，其中对经济发展具有极大影响和制约的因素莫过于自然资源和地理条件。陕西省下辖10个地级市（其中省会西安为副省级市）、30个市辖区、6个县级市、71个县，从地理位置上可以划分为陕北、陕南和关中地区。这3个地区在经济发展水平及农民人均收入水平方面都有着明显差别，究其原因是地理位置和自然资源的不同造成的。据《西安统计年鉴》（2019 年）数据，西安市 2018 年行政区划共有 14 个区县，48 个乡镇，187 个街道办，蓝田县处于骊山—秦岭之间的山前断陷盆地，总体地势形似簸箕，由东南向西北倾斜，南部为秦岭北麓延伸地带，东部为骊山南麓沟壑区，中西部川原相间，灞河水系镶嵌其间。地貌类型有河谷冲积平原、黄土平原、黄土丘陵、秦岭山地，海拔高度在 800～2449 米。蓝田属暖温带半湿润大陆性气候，四季冷暖分明，气候宜人，年平均气温 13.1℃，日照 2148.8 小时，无霜期 212 天，平均降水量 720.4 毫米，主要集中于 7—9 月，占全年总降水量的 55%。蓝田的气候在全国气候分区中属于暖温带半湿润季风气候，具有温暖、雨量适中、四季分明、雨热同季、生产潜力大，但气象灾害多且频繁的特点，境内受半封闭的盆地地形和山地的影响，气候的地域类型丰富多样，为农林牧副渔业生产提供了有利条件。综观蓝田县地貌特征及气候条件，最为突出的特点为山、岭面积居多，超过全县总面积的八成，但耕地面积却很少，截至 2019 年年末，蓝田县常用耕地面积只有 58.50 万亩，其中水田面积 0.04 万亩，旱地 58.46 万亩，没有水浇地，相较于 2018 年非但没有新增耕地面积，反而减少耕地面积 0.21 万亩，其主要农作物单位面积产量仅为 284 千克，远低于西安市平均产量（341 千克），居西安市 10 个涉农区县之末。而且之前农民人均耕地面积为 1 亩，伴随着城镇化进程，现在农民的人均耕地面积不足 1 亩。随着农户人均耕地面积的不断减少，虽然气候条件适宜，有利于发展农林牧副渔业，但局限于无地可耕的自然条件，当地农民想依靠传统农业增收变得更加困难，这也从一定程度上制约着蓝田县域经济的发展。

4.1.3 思想意识及观念因素

纵观陕西省的经济发展史，其早期的经济发展比较顺利，尤其是在隋、唐、宋时期，其原始市场经济得到了充分发展，并于盛唐时期达到顶峰。但随着我国经济重心南移，南部沿海城市得到了长足发展，陕西经济逐渐由盛转衰，经济的发展也呈现滞后状态，但久居于此的人们的观念仍停留在早期的市场经济阶段。蓝田县作为西安市的东大门，人文历史厚重，具有“美食美玉美汤泉，古道鹿原王顺山，革命宗教始祖远，王维文姬四吕贤”12 类地域文化，人们长期受到的自给自足的小农经济的影响较大，一部分农民还存在不愿学习、不愿接受新事物的落后思想，加之区域发展不平衡等因素，他们不愿也不敢参与到市场竞争中来，从而形成了封闭保守的思想观念。同时，由于地理环境相对优越、物质资源相对丰富，而且很少发生大的自然灾害，导致大多数农民思想意识保守，传统观念深厚，至今还停留在“八百里秦川”的老思想上，固守着随遇而安、得过且过的陈旧观念，他们以农为本的思想根深蒂固，且受到国家扶贫政策的红利，少数农民存在“等、要、靠”的懒散思想，争当贫困户的现象屡见不鲜，将成为贫困户作为申请国家扶持的途径，变相索要扶贫资金。另外，部分农民缺少危机意识、竞争意识和创新意识，从而缺乏接受新事物的推动力，更缺乏艰苦创业的精神以及“敢为天下先”的开拓精神。同时，受教育程度低、知识水平不高等因素限制了蓝田农民智慧的增长和收入的增加，让贫困在代际间不间断。这些陈旧的思想意识和落后的思想观念，严重制约了蓝田县域经济的发展。

4. 1. 4　农业产业化因素

确定主导产业，实行区域布局，依靠龙头带动，发展规模经营，实行“市场牵龙头、龙头带动基地、基地连农户”的产业组织形式是农业产业化的基本思路，其主要类型有市场连接型、龙头企业带动型、农科教结合型、专业协会带动型。首先，蓝田县受制于自然条件，全县地貌主要特征是山、岭，相较于地势平坦、土地肥沃的平原地区，农业发展先天优势不足，农产品市场流通体系还不健全，基础设施总体薄弱、信息不对称，现在依然处在传统的农户小规模主导经营方式，自给自足、自我服务的封闭式状态，不仅效率低，还导致农业经营的粗放化、副业化，产销组织化偏低的问题仍然突出，长此以往，粮食供给与安全将会受到冲击；其次，农民作为实现农业农村现代化的主体力量，蓝田县真正从事小规模农业生产主体的农民普遍为未进城务工、留守务农的年龄较大、知识水平较低的农民，人力不足、经费紧张等农业推广体系的短板制约了基层农业技术推广，这也在一定程度上制约了农业生产率的提高；再次，小农经济经营方式下，为了眼前的利益，在农业生产经营中普遍使用大量化学合成物，使得生态环境恶化、耕地质量降低、废弃物污染呈现恶化倾向，这都制约着农业经济的健康可持续发展；最后，拥有现代化的思想观念能为农业农村现代化提供良好的思想基础，而蓝田县农民由于长期以来受小农经济意识的影响，多数目光短浅，封闭自守的思想还未得到根本清除，不愿合作的思想观念导致农民的收入渠道受限，缺乏形成相互协作的现代化组织观念意识，从而导致其经济利益受损，也在一定程度上制约着蓝田农业现代化进程。

《蓝田县 2019 年国民经济和社会发展统计公报》信息显示，2019 年，蓝田县粮食种植面积 59. 89 万亩，比上年的 60. 45 万亩下降了 0. 9%；瓜果种植面积 9800 亩，比 2018 年的 1. 09 万亩下降 10. 1%；油料种植面积 2. 47 万亩，比上年的 2. 56 万亩下降 3. 5%；蔬菜种植面积 5. 8 万亩，与上年持平；棉花种植面积 640 亩，比上年的 625 亩增长了 2. 4%。由统计数据可以看出，油料及瓜果种植面积下降速度较快，粮食种植面积也下降不少。究其原因，正是近几年来随着整个农业市场化程度的稳步提高，加之农业和宏观经济的互动性增强，农产品市场联动性相应增强，从而使得鲜活农产品市场波动加剧，蓝田部分地区交替出现了采购难、销售难的情况，导致农产品价格的大幅涨跌现象时有发生，这正是蓝田没有形成相对集中连片、稳定的区域化的生产基地，没有形成集生产、加工、销售、服务于一体的产业化农业体系的原因。这些原因制约着农业的发展，进而影响整个县域经济的发展。

4.1.5 工业发展基础因素

陕西总体工业滑坡导致了整个县域经济发展中第三产业乏力、城镇化进程缓慢、城镇失业下岗问题严重，继而引发农村剩余劳动力转移迟缓，多数农民增收困难，人均收入水平低，最终导致各个区域财政拮据、经济总量偏低等一系列问题。究其原因在于：陕西在国家早期的战略发展布局中抓住机遇共建成100余个重大项目，但这些项目多数集中在关中地区，具体来说西安、咸阳和宝鸡等在此期间共建成近百个国防及机械制造企业和科研机构，成为多个制造业基地，后又经过三线建设时期，在关中地区进行了大规模的工业布局建设，促使其形成了以航天航空、电子为主的国防科技工业体系。但是由于地理位置和自然资源因素制约，蓝田在早期的工业建设布局当中并没有占得先机，没有形成重要的具有规模的工业基地，目前蓝田县的主要工业依然分散在小规模的农副食品加工业，食品药品业，金属及非金属矿物业，家具及专业设备制造业，橡胶和塑料及造纸和纸制品业，印刷和记录媒介复制业，文教、工美、体育和娱乐用品制造业，有色金属冶炼和压延加工业等，2019年蓝田县工业投资增长速度为0.5%，工业企业技术改造率为-52.9%，这些产业结构单一、同质化倾向严重，生产出的产品技术含量普遍较低，同时缺乏鲜明的特色，导致核心竞争力缺乏。另外，由于受到产业发展与城镇建设耦合度不高、资金供给远低于需求、基础设施不完善等因素制约，工业集群发展迟缓，这在一定程度上也制约着蓝田县域经济的发展。

4.1.6 产业结构因素

蓝田县近5年来经济呈现逐年增长态势，三次产业经济增加值构成稍有调整，第一、第二产业在蓝田县经济增长中的三次产业增加值构成比逐年递减，第三产业在全县经济增加值的贡献程度逐年递增，最新数据显示，2019年第三产业在全年的经济增加值的构成比率已高达57.3%。综观各年数据，第一产业贡献值最低，其次是第二产业，第三产业贡献度最高，呈现出“三二一”格局（见表4-2）。

表4-2 蓝田县2015—2019年各产业地区生产总值增加值统计

单位：亿元

指标	2015年	2016年	2017年	2018年	2019年
地区生产总值	113.08	122.44	143.49	151.67	149.23
第一产业地区生产总值增加值	26.00	27.59	30.15	27.17	28.35
第二产业地区生产总值增加值	34.57	34.87	39.10	40.05	35.46
第三产业地区生产总值增加值	52.51	59.98	74.24	84.45	85.45
三次产业地区生产总值增加值构成比	23.0∶30.5∶46.5	23.0∶30.6∶46.4	21.0∶27.3∶51.7	17.9∶26.4∶55.7	18.9∶23.8∶57.3

数据来源：《2015—2019年蓝田县统计年鉴》。

由表4-2可知，2015—2016年蓝田县三次产业地区生产总值增加值的构成比基本相同；自2017年起第三产业地区生产总值增加值呈现逐年上升趋势，第二产业地区生产总值增加值逐年减少；到2019年第三产业地区生产总值增加值的比重上升到57.3%，第二产业占地区生产总值增加值比重降至23.8%；产业结构总体呈现“三二一”结构。总体来看，2017年（含）以后，蓝田县第二产业比重下降，第三产业快速发展并占据绝对支配地位，但是与全国平均水平相比，第一产业占比还是相对较高，说明农业在蓝田县的经济发展中仍占主要地位，这是由于蓝田县独特的地理环境及农村人口基数大等使得农业发展相对较好；第二产业占比明显低于全国水平，表明蓝田县的工业化程度较低；第三产业略低于全国水平，这是因为旅游、文化等产业已经成为蓝田县的主导产业，对经济发展有较大的推动作用。结合蓝田县的资源禀赋和工业化发展程度来看，蓝田县的产业结构是合理的，但是结合就业结构来看则不然，蓝田县第一产业就业人数占比近

20%，第三产业就业人数占比约25%，农业就业人数占比接近第三产业，但产出水平却远低于第三产业，就业结构与产出结构不匹配意味着蓝田县产业结构合理化水平较低，在很大程度上制约蓝田县域经济的发展。

4.2 蓝田县域经济发展的问题分析

中国有上千个县城，县城与县城之间由于地理位置、人文环境、资源禀赋、经济基础等差异，加之县域内人们的思想观念、受教育程度、职业技能掌握程度、就业能力等因素差异，县域经济发展态势各不相同；与此同时，随着后工业化时代的到来，越来越多的人口及资源向周边的大城市集聚，给县域经济可持续发展带来诸多挑战，像蓝田县这种距省会城市较近，外出务工相对方便的县城纷纷陷入了产业空心化、社会内卷化的发展状态，这都在一定程度上制约着县域经济的健康可持续发展，蓝田县域经济发展正因为受到上述因素的制约呈现出以下几个方面的问题。

4.2.1 区域发展不平衡，农民收入水平较低

由于地理位置、资源分布、人口结构、思想意识及观念、经济基础等主客观条件的因素制约，县域经济内部各区域在发展规模、速度、开放度方面呈现出不平衡态势。同时由于蓝田县的涉贫人口较多，村级集体经济发展薄弱，“能人经济”示范效应不充分，部分山、岭区域脱贫困难，蓝田县长期以来在西安市所管辖的14个区县（包括新增的西咸新区）范围内，一直属于经济落后地区，且由于农村人口比重较大，农民收入水平普遍较低，贫困人口相对较多，以上这些成了制约蓝田县域经济发展的重要“瓶颈”，从而影响了蓝田县全面小康社会的建成和实现。

由表4－3可知，2019年西安市城镇常住居民人均可支配收入41850元，比2018年的38729元增长了8.1%，全市农村常住居民人

均可支配收入 14588 元，比 2018 年的 13284 元增长了 9.8%；横向来看，西安市各区县发展也不均衡，全市 9 个涉农区县，阎良区、灞桥区 2017 年农村居民人均可支配收入突破 2 万元大关，发展最为迅速；蓝田县农村居民人均可支配收入则较低，2017 年其农村居民人均可支配收入仅为 13151 元，为西安 8 个涉农区县之末，2018 年由于西安市新增西咸新区，蓝田县农村居民人均可支配收入增至 13404 元，在西安 9 个涉农区县中排倒数第 5 名；据《蓝田县 2019 年国民经济和社会发展统计公报》，2019 年虽然蓝田县居民人均收入有所提高，全县城镇常住居民人均可支配收入 23893 元，比 2018 年的 22082 元增长了 8.2%，农村常住居民人均可支配收入 14731 元，比 2018 年的 13404 元增长了 9.9%，但依然在西安 9 个涉农区县中排倒数第 5 名。蓝田县的各乡镇发展也不均衡，蓝田县政府所在地的蓝关镇以及有独特自然资源的汤峪镇农村居民人均可支配收入领先于其他地区，其余如金山镇、厚镇、灞源镇、葛牌镇等是典型的贫困地区，农民收入普遍较低，存在较大的提升空间，山、岭聚集的贫困区域仍需加码给力加大脱贫力度。

表 4-3　2017—2019 年西安市各区县人均可支配收入　　单位：元

区县名称	2019 年		2018 年		2017 年	
	城镇居民	农村居民	城镇居民	农村居民	城镇居民	农村居民
新城区	48208		44637		40292	
碑林区	47977		44382		40636	
莲湖区	47995		44440		40575	
灞桥区	40328	17969	37306	16395	39794	22280
未央区	44628		41056		40034	
雁塔区	48685		44995		40664	
阎良区	40631	15808	37448	14423	39914	22034
临潼区	30810	14659	28449	13363	33261	17859
长安区	42051	15928	38900	14520	37437	18239
高陵区	38794	16370	35788	14936	31947	17934
鄠邑区	24788	13632	22909	12415	30224	15918

续表

区县名称	2019 年		2018 年		2017 年	
	城镇居民	农村居民	城镇居民	农村居民	城镇居民	农村居民
蓝田县	23893	14731	22082	13404	28596	13151
周至县	22407	13137	20633	11954	29039	13348
西咸新区	25270	14027	23333	12775		

数据来源：据《西安统计年鉴》（2018—2020 年）数据整理。

4.2.2 农村剩余劳动力数量大，转移困难

随着后工业化时代的到来，除了传统农业生产以外，农民很难从其他方面获取经济收入，导致青壮年农村劳动力大量外流，纷纷到发达地区打工赚钱，越来越多的人口及资源向周边的大城市集聚，导致蓝田县部分产业空心化、社会内卷化状况严重，从而进一步导致了县域经济中的第二、第三产业发展更为落后，形成了越穷越差、越差越穷的恶性循环。蓝田县农村剩余劳动力较多，当地大部分身体健康的“50 后”农民常年赋闲在家，因为没有好的就业机会难以找到工作，其年收入微薄，据《西安统计年鉴》（2020 年）数据，蓝田县的农村居民人均可支配收入仅为 14731 元，贫困现象较为普遍。再者，年轻农民工进城务工也并非一帆风顺，户籍制度导致城乡二元限制，造成其虽工作在城市，但受限于自身文化素质不高、缺乏劳动技能和专业能力，在就业市场上往往处于劣势，找到的大多是又脏又累的工作，且工资待遇并不高，面对的却是城市的高消费环境，生存压力较大，内心无所适从，同时由于缺少引导，大部分农业转移人口没有参加社会保险，没有参加相应的职业教育及技能培训，从而没能提高他们融入城镇的素质和能力，使得他们无法通过勤奋劳动改变自己的生存状态。同时，其子女教育、住房、医疗卫生、社会保障、养老、文化体育等城镇基本公共服务未实现全覆盖，未能提高农村转移人口在改善生活、促进发展、抚养子女、赡养老人、积累财富等方面的能力，社保、医保等社会保障制约他们在城市中扎根落户，继而成为城市的边

缘人，农业转移人口未能在城镇获得真正的融入感、归属感，很难成为城市发展建设的稳定动力，不能从根本上完成劳动力的长久转移。蓝田县本身人口结构是农村人口占绝大多数，蓝田县无论是年轻农民还是年老的农民，在生产力转移方面都存在困难，这成为制约农民人均收入增长的关键因素，为此必须转变政府职能，切实做到服务“三农”，下大力气去解决“三农”问题，实现农村剩余劳动力的转移，增加农民收入。

4.2.3 城乡统筹不平衡，市场化程度较低

市场在资源配置中所起作用的程度称为市场化程度。蓝田县城镇人口偏少，城镇化率较低，城乡二元经济结构表现突出，城乡基础设施和公共配套设施不完善，城镇聚集效应不够明显，市场化水平整体较低，其主导产业不明显，主导产品不突出，围绕主导产品兴建的产地型区域市场数量少、规模小、竞争力不强，重点的龙头企业数量也很有限，辐射效应更是少之又少。同时，蓝田作为农业县，农村市场发展相对不足，农村市场主要是以一家一户为单位的小市场，规模效应不明显，尚未形成全国性的影响较大的市场。而且，在要素市场方面，现代各个要素市场发育程度都不高，无论是其现代劳动力市场、房地产市场、信息技术市场，还是现代产权市场及金融资本市场等，都存在诸多问题，主要体现在以下几个方面。

4.2.3.1 市场微观主体发展不完全

微观主体是我国社会主义市场经济的重要组成部分，是推动经济高质量发展的原动力，是进一步推进改革创新的重要抓手，微观主体发展是否完全、是否有活力，既决定着是否可以为经济发展培育新动能，又决定着是否能提升全要素生产率，是促进我国经济平稳增长的关键所在。蓝田县由于涉农人口较多，现阶段市场微观主体仍然是以一家一户的农户为主，由于在竞争中缺乏自主性和独立性，从严格意义来讲，农户并不是完整意义上的市场主体；而且，以家户为单位的

小生产模式难以抵御自然风险和市场风险，同时由于农民自身的组织水平不高、资金有限且筹资渠道狭窄，客观上面临的融资难、融资贵问题是制约微观主体活力的重要因素之一，多数农户无力承担市场竞争带来的巨大风险，一旦市场发生大的波动，就会导致毁灭性的后果，即很难恢复再生产，导致蓝田县微观主体自生能力缺乏，很难激发其微观主体“站起来”“富起来”和“强起来”。据《西安统计年鉴》（2020 年）数据可知，蓝田县产业活动单位总数为 4810 个，居西安市 14 个区县总数中倒数第 2 位；现有企业数 2671 家，位居西安市 14 个区县之末，其数量远低于其他区县。因此，无论是单纯地从微观主体的数量上说还是从微观主体的质量上说都很难形成充满活力、富有竞争力的微观市场主体，也就很难形成有效的县域经济增长内生机制。基于此，蓝田县域经济发展很受制约，很难追赶发达地区。

4.2.3.2 农业产业化龙头企业规模小、数量不多、竞争力不强

农业产业化龙头企业是在经营规模和经营指标上达到一定规模，并经全国农业产业化联席会议认定的企业，其以农产品的加工或流通为主业，通过各种利益联结机制与农户相联系，从而带动农户进入市场，使农产品从生产、加工到销售有机结合，相互促进。目前，蓝田的省级农业产业化经营龙头企业有陕西国人菌业科技产业园有限公司和陕西天行健生物工程股份有限公司，其余龙头企业主要有西安盛润食品有限公司、西安大东方文化旅游发展有限公司和西安海蓝农林科技有限公司等，这些企业的规模普遍不大，数量更是有限，与同类型的龙头企业相比竞争力也不是很强，目前蓝田需要具有规模的农业产业化龙头企业来带动县域经济的发展。

4.2.3.3 市场信息化水平低

信息化，是指以培育、发展以计算机为主的智能化工具为代表的新的生产力并以其带动农业、工业、科学技术、国防及社会生活各个方面，从而加快国家现代化进程的历史过程。信息技术的普及，加深

了生产者和消费者的联系，促使生产者和消费者融合，从而使生产经营信息快速传递给农业生产者，以达到节约企业经营交易费用、提高经济效益的目的。蓝田县作为突出的农业县，其农业信息化进程缓慢，由于发展理念比较守旧，目前依然延续着传统的经营管理模式来进行农业生产作业管理，虽然也意识到信息化对于发展新型农业的重要性，从而在一些农村地区建立了信息网络试点，但是很多农户依然习惯于传统的思维模式，加之随着城市化进程的有序推进，农村多数青壮年劳动力外出务工，留下年龄较大的农民从事农业生产，由于年龄大、文化程度较低，接受新事物能力也较低，他们在农业信息化技术等方面的学习研究积极性不够，对新设备、新产品等缺乏认同感及深度了解，不利于农业经济管理信息化工程的有序推进，使得仅有的设施也难以得到充分的利用；此外，部分深山地区高质量的信息网络普及率本身就很低，部分山、岭乡镇地区的农民对市场信息和网络通信等现代化技术的应用还比较陌生，更不用说利用其获得市场信息，信息的滞后导致其对市场发展趋势的把握不到位，特别是因错失及时的农业市场供求信息从而错失有利商机，错失脱贫致富的机会。

4.2.4 主导产业不强，发展不充分

《蓝田县2016年政府工作报告》指出："十三五"时期，蓝田县经济社会发展的基本思路是以三产为引领、二产为支撑、一产为基础，全方位实施"旅游+"战略，大力发展消费趋向性工业，强力推进都市型现代农业，实现一二三产业高度融合，全面巩固脱贫成果，统筹推进经济、政治、文化、社会、生态文明和党的建设。在"十三五"收官之年，反观近5年蓝田经济发展：第一，其对旅游业在全县社会经济发展中的定位不够明确，旅游业尚未成为全县社会经济发展的支柱性产业或带动性产业。第二，当前蓝田旅游业自身发展的定位尚不够明确，其中包括旅游业发展的产品定位、主题定位、市场定位和区域定位等。第三，从蓝田旅游业所处的阶段来看，蓝田目前还处

于旅游业发展的初级阶段，旅游业发展的地位还没有完全树立，发展的思路还不够明确，发展的目标还不够清晰。第四，蓝田县对当前旅游市场的分析及拓展还不够，而随着旅游业的不断发展，目前旅游市场已经进入了一个多元化发展的阶段，了解目标市场的规模、地域构成及其市场上旅游者的消费特点，进而占有并逐步扩展数量大、质量高的客源市场，对蓝田旅游业的发展无疑具有重要的战略意义。第五，蓝田旅游的核心产品和目的地建设相对滞后，其旅游产品结构层次不高，目前多数仍属于单纯的观光旅游，缺少休闲、度假等体验式的高端旅游产品，旅游产品的精细化程度也相对较低，景区配套服务设施建设落后，旅游产品缺乏较强的市场带动力和号召力，全县尚未建成一处功能相对完善的能满足综合旅游的目的地，不能有效地吸引住游客，并有效地延长游客停留时间，制约了蓝田旅游的经济效益提升和长期稳定的可持续发展。第六，体制机制改革是当前蓝田县旅游发展面临的首要问题，体制方面主要体现在政出多门，各自为政，资源管理混乱，缺乏统一协调管理部门对资源进行一体化整合；机制方面主要体现在政府对市场主体的激励不够、缺乏龙头企业、市场秩序混乱和监管乏力等方面。

据蓝田县文化和旅游体育局 2020 年度工作总结数据可知，截至 2020 年 12 月底，全县累计接待游客 2116.68 万人次，完成年度目标任务（2100 万人次）的 100.79%；实现旅游综合收入 49.6 亿元，完成年度目标任务（49 亿元）的 101.22%；固定资产投资 6.64 亿元，完成全年目标任务（6.3 亿元）的 105.39%；年度争取省、市旅游发展专项资金共计 2586.57 万元，完成目标任务（2500 万元）的 103.46%。旅游业作为蓝田的主导产业，正处在发展的重要参与阶段，表现出较为明显的阶段性特征，具体表现为：

4.2.4.1 旅游产业同质性竞争明显，缺少龙头产品

蓝田县域内分布着 A 级景区 14 处，A 级景区数量为西安市所有区县之最，但却没有 5A 级景区，4A 级景区也仅有王顺山国家森林公

园、白鹿原影视城景区2处。3A级景区与2A级景区数量约占A级景区的86%。同级别的景区数量很多，但核心引领品牌较少，同时还缺少龙头产品。由于蓝田县属于温带大陆性气候，冬季较长、气温较低，所以景区树种单一，且大多采用规则式的种植方式，缺乏活力，花草配置手法稍显单调，整体绿化率也较低；从景观小品方面来看，无论是大小、体量、材质，还是文化内涵，都没有彰显景区的文化特色，不太协调。新建及建设中的景区同质化现象较为明显，大面积地建设景区容易加剧蓝田县域内部竞争。同时，蓝田旅游资源与周边（如长安区）相比具有一定的趋同性，而周边地区旅游业的整体发展水平要高于蓝田，这就决定了蓝田在产品打造上要对整个西安旅游资源加以认识和定位，走互补开发、差异化发展的道路，避免产品直接竞争。此外，与旅游业密切相关的餐饮业也因为没有明显的辨识度及特色难以吸引及留住游客，究其原因，主要是蓝田县餐饮小吃规模小，景区外多以小摊位为主，缺乏规范化的管理经营。同时，蓝田县的旅游纪念品以当地农副产品和玉器为主，缺乏深度加工与包装，文化创意不足，品牌意识缺失。

4.2.4.2　旅游资源丰富但开发程度较低，游客体验感较差

蓝田县境内山、川、塬、岭地貌多样，自然、人文资源极其丰富，其旅游资源分为五个等级，从高到低分别为五级、四级、三级、二级、一级。其中，五级、四级、三级旅游资源统称为“优良级旅游资源”，二级、一级旅游资源称为“普通级旅游资源”。蓝田县旅游资源单体中，优良级旅游资源单体共30个，占旅游资源单体数量的28.5%；普通级旅游资源单体总数达75个，占旅游资源单体总数的71.5%，所占比重较大。现有古遗址、墓葬、建筑、革命旧址和石刻等416处，境内有王顺山国家森林公园、水陆庵、汤峪温泉、蓝田猿人遗址、白鹿原、葛牌镇区苏维埃政府纪念馆、辋川溶洞、蔡文姬纪念馆、焦岱鲍旗寨村、华胥杏花谷等众多旅游景点，深受游客青睐，有着发展旅游业得天独厚的条件。总体来说，蓝田旅游资源富集而矛

盾突出，出身高贵而地位窘迫，质地良好而景观粗糙，文脉深远而形象破碎。既有秦岭、灞河等山水生态资源，又有水陆庵佛教文化底蕴；既有蓝田猿人、华胥陵等遗址遗迹，又有水会音乐国家级非物质文化遗产。但是，蓝田县大部分是建成年代较早的景区，展示、陈列方式落后，公共休息设施和休闲设施不够，没有突出人性化和便捷性。同时，蓝田县现有的旅游交通标识系统、景区内的服务标识系统以及景区标识系统的建设不完善，引导、指示作用较弱，如灞源村乡村旅游基本没有相关的旅游标识，在很大程度上给游客造成了出行障碍，特别是景区内部旅游标识的缺乏，直接造成游客的游览受阻，游客满意度降低，降低了蓝田旅游的服务质量。并且，从蓝田的旅游形象解读的情况来看，管理差、无指示等成为其中具有代表性的负面词汇，配套设施陈旧、旅游标识系统急需建设导致游客在景区互动体验性较弱，这类景区提档升级迫在眉睫。

4.2.4.3　旅游市场主要是被动接待，缺少主动营销

蓝田县是紧邻西安的近郊县，处于西安 1 小时经济圈的东部，是大西安东南旅游线上的重要节点城市，旅游区位优越，但蓝田旅游市场长期以来未能很好地融入西安大市场，未能分享西安市区客源。通过相关统计数据可知，蓝田县旅游客源市场主要为近程市场，本地游客多，外地游客少，并且出现游客接待数量下降的趋势，而其近程市场主要是西安市及省内周边区县的“一日游”客，主要花费是交通、餐饮及购物，从蓝田当前提供的旅游产品来看，主要是初级的观光产品，未对旅游资源进行深度开发，同时，蓝田旅游资源与周边如长安区相比具有一定的趋同性，而周边地区旅游业的整体发展水平要高于蓝田，但目前蓝田县旅游营销投入与旅游大突破、大发展的需求却并不很适应。究其原因，一方面，首先，受财力制约，针对蓝田旅游的市场营销经费投入多年来一直不太充足，再加上营销方式缺乏创新等影响，欠缺在客源地市场的巨大震撼力与吸引力，其营销大举措也较为欠缺；其次，长期以来，蓝田旅游形象推广乏力，未能在客源市场

群体中形成明晰的感知形象；再次，蓝田旅游市场营销方式较单一，营销绩效有限，景区营销积极性不高；最后，目前自驾游、自主游、自助游、散客化等已渐成趋势，伴随时尚旅游的兴起，自驾游客、背包客、驴友、个性化游客等成为新兴市场，对此类市场的强力营销不够。另一方面，受曲江大雁塔、城墙、临潼兵马俑、华清池等周边知名景区的强势影响，蓝田旅游形象被严重遮蔽，还有一些相对有名的景区（如白鹿原影视城）因为区位接近西安市区，加之广告效应不很是具体和明显，多数游客都误认为其是西安的景区，而非蓝田之景区。鉴于此，顺应时代特征，不断提升旅游景区营销执行力，通过广告宣传、节事活动、口碑传播、公关宣传、网络营销等方式进行主动营销提升蓝田旅游的知名度、辨识度是蓝田旅游的重要任务。

4.2.4.4　旅游产业要素及配套设施在数量和质量方面均有待提升

蓝田县位于陕西秦岭北麓、关中平原东南部，隶属陕西省西安市，是西安的东大门，东南以秦岭为界，与洛南县、商州区、柞水县相接；西以库峪河为界，与长安区、灞桥区毗邻；北以骊山为界，与临潼区、渭南市接壤；蓝田县高速、国道路网通达，有 G40、G70、G312、S101、S107、S108 等公路穿境而过。然而，蓝田农村道路普遍依水而修，路面狭窄，道路发展空间有限，直接影响着景区的可进入性。而且，长期以来，蓝田县旅游产业发展重点为景区景点建设，但从旅游功能实现角度来看，已经建成的景区景点之间缺乏必要的线路联系，在管理体制机制上也存在不适应现代旅游发展的问题，且与旅游发展密切相关的公共服务体系（如旅游标识、解说等）建设不足，需要从单纯的重视景区建设向重视综合的目的地体系建设转变。同时，由于蓝田县旅游处于初步发展阶段，人力资源较为匮乏，未成专业体系，特别是在高层次管理人才、项目建设投融资运作等方面较为薄弱。随着全域旅游的不断发展，规范化的管理体系正在逐步建设和形成，大量包含佛教文化、民俗文化等多种文化内容及形式的项目将需要大批经营、管理、演艺、教育、培训、保健、康体等方面的专业人才，这对人力资源部门提出了很高的要求。与此同时，蓝田县开展乡村旅游的社区大多较为贫困，社区居民迫切希望通过旅游开发改善生活环境，提高经济收入，但由于旅游开发往往投资大、收效慢，加之景区管理者对社区参与旅游的忽视，以及一些贫困社区居民自身素质技能不高，无法胜任旅游相关工作，农民从旅游发展中的收益较少，其获得感不强，从而很难提供高质量的旅游服务，这些在一定程度上影响了旅客的旅行体验，最终制约蓝田县旅游行业的发展。

5

蓝田县域经济高质量发展思路与特色模式构建

蓝田自古据秦楚大道，有“三辅要冲”之称，作为西安市五大城市功能组团之一，蓝田县坚持科学定位，融合优势，互动互补，联动发展，共享西安国家中心城市、国际化大都市、“一带一路”核心区建设等历史机遇，具有十分突出的空间区位。近年来，蓝田县积极落实中央“四个全面”和“五位一体”战略部署、全面建成小康社会，加快推进富裕陕西、和谐陕西、美丽陕西迈向更高质量发展。课题组基于前期实地调研，依据比较优势理论、资源禀赋理论、创新理论等，立足蓝田县域经济高质量发展现状及制约因素，结合蓝田县域经济高质量发展需求及发展理念（大文化驱动理念、大产业融合理念、大民生改善理念、大脱贫攻坚理念、大健康塑造理念、大数据助推理念），提出蓝田县域经济高质量发展整体思路及发展目标定位，构建其特色发展模式，以期推进蓝田县域经济高质量发展和社会全面进步。

5.1 经济高质量发展内涵

高质量发展，是能够很好地满足人民日益增长的美好生活需要的发展，是体现新发展理念的发展。这一论断明确了高质量发展的目的与手段。经济高质量发展就是以高效率、高效益的生产方式为全社会持续而公平地提供高质量产品和服务的经济发展，在具体经济形态上体现为经济发展需要构建一个高质量、高效率和高稳定性的供给体系。

第一，要求供给体系的质量高。供给体系的质量高就是指要素投入、中间品投入和最终产出三个环节的质量都要高。要素投入质量高要求劳动力素质高，生产资料的自动化、数据化、信息化程度高，旅游资源绿色化程度高，投入生产过程的技术水平高，以及信息数据资源的规模大、质量和价值高等。中间品投入质量高要求产业分工和专业化程度不断提高，产业结构不断优化升级，能够形成一个有效协同、相互支撑的特色供应链体系。最终产出质量高是经济高质量发展的重要内涵，要求能够提供高质量的产品和服务，满足消费者多样化、个性化、不断升级的高品位需求，更好地满足人们日益增长的美好生活需要。高质量的供给体系在具体产出形态层面表现为产品和服务的高质量、高性能，在产业层面表现为合理化、高级化的新型产业结构。

第二，要求供给体系的效率高。从静态来看，供给体系的效率高表现在技术效率高和经济效益好的统一。技术效率决定了在给定资源条件下的生产可能性边界，在资源稀缺的现实中，推动高质量发展必然要求高效、集约地发挥现有资源要素潜力，实现各类生产要素投入产出效率最大化，资本效率、人力资源效率等达到相当高的水平。经济效益则更加强调资源配置与组合的合理性，代表了配置效率和分配合理的程度。经济高质量发展要求有限资源在不同用途之间合理配置，各类要素边际生产率达到最高，各类要素的边际报酬达到最高。从动态来看，供给体系的效率高还要求效率的不断提升成为经济发展持续强劲的动力来源，也就是经济增长从主要依靠要素投入转向依靠全要素生产率提升，经济增长动力中全要素生产率的贡献不断提高。从这一意义上讲，经济增长动力的转换过程也是推动产出效率提升的过程，动力转换和效率提升是统一的。

第三，要求供给体系的稳定性高。经济高质量发展还要求其供给体系保持一个相对高水平的稳定状态。从时间维度来看，供给体系高稳定性短期表现为本县域经济平稳运行在合理区间，中长期则表现为产出的可持续性强。从空间维度来看，稳定性高既要求经济体系自身的健康稳健，也要求经济体系与社会、环境相协调。同时，经济发展能够为全体社会成员提供发展机会，成果为全体人民共享。在资源环境方面，需要对自然资源合理利用并有效保护生态环境，使得资源环境可承载经济长期可持续增长。简言之，经济发展的稳定性高就是经济运行平稳、重大风险可控、资源环境可承载、发展成果共享。

5.2 蓝田县域经济高质量发展理念

5.2.1 大文化驱动理念

依托蓝田县独有的历史文化，突出蓝田历史主线，深挖蓝田历史内涵，主打蓝田历史、生态、美玉、古道、温泉、民俗、红色、名人、宗教、史前文化十大文化品牌，无论是城市提升、景区开发，还是环境建设，都要体现蓝田文化的元素，彰显和活化蓝田文化，强势打造“华夏文化之源”旅游品牌，增强蓝田旅游市场竞争力。

5.2.2 大产业融合理念

优化蓝田旅游资源配置，吸纳与创新产业要素，优化产业结构，加快产业转型升级，促进旅游业与相关产业的融合发展。强势推进生态康养业，重点扶持遗产旅游业，积极培育“旅游+休闲农业”“旅游+温泉养生”“旅游+制造业”“旅游+林业”等混合型新业态，形成合理化、高级化的新型产业结构。

5.2.3 大民生改善理念

在蓝田县域经济高质量发展过程中，要把解决区内居民拆迁安置、正常生产生活放在首位，并充分调动周边居民参与经济活动的积极性，鼓励其投身于旅游项目建设、旅游管理和服务，缓解就业压力，提高经济收入，实现城乡统筹，缩小城乡差距，使发展全域化旅游成为提高城乡基础设施、增加城乡居民收入、改善民生的一条重要途径，真正实现旅游富民、旅游惠民。

5.2.4 大脱贫攻坚理念

蓝田县域经济高质量发展，通过旅游基础设施建设和旅游项目布局向贫困村倾斜，加快改变落后面貌，为贫困村开展农家乐、休闲农业等旅游项目创造条件。通过产业技能培训、扶持政策和贴息贷款等多种措施，调动贫困群众的积极性，让他们参与到旅游经营、旅游服务和旅游产品生产中来，切实提高群众收入，使区域内农民因旅游发展直接受益达到20%，实现旅游脱贫的目标。

5.2.5 大健康塑造理念

蓝田县依托良好的自然山水资源和丰富的养生资源，坚持“大健康+四化（生态化、信息化、现代化、新型城镇化）”发展战略，以健康服务业和养老服务业为突破口，重点打造汤峪温泉养生养老、水陆庵佛文化养生、王顺山森林氧吧等健康休闲产业项目，建立多层次、全方位的大健康产业体系，开创“医、护、养一体化”新型服务模式，将蓝田打造成为西北地区首个以传统文化为引领，以养老、养生为重点，以中华传统养生哲学为精神，以秦岭田园风光为依托的国家康养旅游示范基地。

5.2.6 大数据助推理念

大数据在蓝田县域经济高质量发展中起着举足轻重的作用。大数据的背后是消费者的需求喜好、需求特点、消费的潜能等。要借助大数据，分析消费者需要，提高服务质量。依靠大数据支撑，形成蓝田最具个性化、差异化的高质量产品供应体系，实现蓝田产品和服务的高质量、高性能以及合理化、高级化的新型产业结构。

5.3 蓝田县域经济高质量发展思路

课题组基于蓝田县“人文山水蓝田、丝路生态慢城”的战略发展定位以及蓝田县域经济质量发展理念，提出蓝田县域经济高质量发展的主要思路为：确定“万年蓝田千年玉·十里慢城白鹿原”大品牌建设主题，以文旅产业为龙头、多业态融合为抓手、品牌提升为基础、项目建设为重点、改革创新为动力，以“一核两廊三域”空间模型为核心，形成“点、线、面”相互关联、共同作用的蓝田特色全域旅游发展模式，致力于打造“县域全景、特色全县、众业共进、全民共富”的新型旅游发展格局。以此思路为依据，蓝田县域经济高质量发展过程中要以满足市场需求为出发点和落脚点，以多元驱动机制作为满足市场需求量的供需均衡向质的均衡转变的现实途径，以多产业融合发展实现经济增长点的动力转化，力争形成“与西安共同成长，与世界良性互动”的更高水平的对外开放新格局。

5.3.1　蓝田县域经济高质量发展的落脚点——市场需求导向

市场需求是经济发展的原动力。蓝田县域经济高质量发展要以市场需求为导向，以市场为核心，从供给体系、结构、布局、数量、品质、价格和服务等方面满足不同层次、不同维度的需求，使蓝田县经济体系与陕西乃至全国战略需求相吻合，使经济结构与需求结构相匹配，蓝田相关企业不是简单了解用户需求，而是针对不同的需求提供不同的产品、服务和解决方案。

蓝田县旅游市场需求正在经历体验化（观光旅游向体验旅游转变）、自主化（团体旅游向散客旅游转变）、内涵化（大众旅游向专题旅游转变）、常态化（弹性旅游向刚性旅游转变）、家庭化（大巴旅游向自驾旅游转变）、事件化（传统激励向事件引爆转变）的转变过程，因此蓝田县旅游市场供给体系需要以此市场需求变化为导向进行适当变化，适应国内外旅游市场的新变化、新需求，充分发挥蓝田县特有的自然、文化旅游资源优势，以高端市场为引领，以大众市场为基础，积极发挥市场配置资源的基础性作用，促进旅游生产要素有效流动，构建特色鲜明、形态丰富的多元化旅游产品体系，提高旅游市场供给体系质量。

5.3.2 蓝田县域经济高质量发展的现实途径——多元驱动机制

蓝田县域经济发展与各类产业发展阶段的差异性决定了蓝田需要构建一种由要素（蓝田玉石、特色农产品、美食、美汤、文旅资源等）、投资（“两园、三区、四基地”等项目建设）和创新（与曲江新区、西投控股、市建工集团、市水务集团及陕西天然气公司建立战略合作关系，焦汤旅游专线、工业园标准化厂房等一批合作项目顺利实施，县域经济发展的资金制约大幅缓解）有机结合的多元驱动机制，既能充分发挥蓝田自然资源、人文历史较为丰富以及人力资源成本相对较低的比较优势，又能逐步实现从低科技含量向高科技含量、从低增加值向高增加值、从低生产率向高生产率的转变。通过构建技术创新、商业模式创新、制度创新、管理创新、微创新等多维度、多层次蓝田特色创新体系，助力蓝田县域经济高质量发展。

5.3.3 蓝田县域经济高质量发展的动力转化——多产业融合发展

蓝田县域经济高质量发展的内涵之一是要求蓝田县供给体系的效率高。从蓝田经济发展最佳效率和效果来看，需要不断完善和优化蓝田县产业体系与结构，协调产业内、产业间、产业体系与外部的关联因素。从三大产业各自分散发展向多产业联动转变，实现工业、农业和服务业协调发展，统筹城市和农村、产业与生态、实体与虚拟、短期与长期发展，统筹传统、新兴产业和低增长产业发展，统筹劳动密集型、资本密集型、技术密集型和知识密集型产业发展；统筹蓝田县上下游、大中小企业发展。

5.3.4 蓝田县域经济高质量发展的新格局——更高水平对外开放

蓝田县域经济高质量发展的关键在于持续优化动力结构，以西安国际化大都市建设为契机，加强国际合作交流，以高度开放和对外连接的国内市场为桥梁，集结全球资源和要素，多元融合，挖掘蓝田特色产品附加值，促进产品深加工。并基于“互联网+”走国际化道路，让蓝田特色产品、文化“走出去”，将先进的理念和技术“引进来”，进而助西安系统推进国家全面创新改革试验、建设具有历史文化特色国际化大都市、建设丝绸之路经济带新起点、打造内陆型改革开放新高地、构建国内国际双循环一臂之力。

5.4 蓝田县域经济高质量发展目标

在蓝田县经济高质量发展思路引领下，蓝田突出秦岭保护、乡村振兴、乡村旅游，有力促进供给侧结构性改革和提质增效，确定经济高质量发展的目标为融合“大产业”、升级“大管理”、打造“大品牌”、精准“大扶贫”。

5.4.1 融合“大产业”：产业优势“点轴驱动”

5.4.1.1 丰富乡村旅游产品体系

从县域特色化、全域化入手，立足游客需求，打造“全时”“全景”旅游产品，做大旅游旺季（每年4—10月），做活旅游淡季（11月至次年3月），缩减旺淡季差异。抓住“逃离大都市”和“回归大自然”的情结，依托乡村资源优势，开发山水型旅游产品。推广馨香型旅游产品，主要有“花旅结合”的花香型旅游产品，如蓝田华旭杏花谷，还有“林旅结合”的旅游产品。打造精品型旅游产品：以山水养生度假、乡村休闲度假为主的精品旅游度假产品，以浪漫山水、养生养老、低空飞行等为特色的主题旅游产品，以桐花乡约、山水玉舍、董岭白鹿原舍等为代表的精品民宿产品。

5.4.1.2　引入重点旅游项目

引进一批国内外大型企业和旅游集团，如中国国旅、华侨城等，打造地区跨界融合的旅游产业集团和产业联盟，引入各类社会资本进入蓝田旅游市场，围绕蓝田产品体系，实行项目带动战略和品质旅游战略，大力开发重点旅游项目，筹资建设高端旅游项目，升级游客接待档次，着力打造精品旅游项目，重点推动具有区域竞争力的品牌旅游投资项目建设，如白鹿原影视城升级改造，积极统筹以乡村休闲、山水观光、文化体验、生态农业等为主题的重要旅游项目建设，支持相关旅游企业运用PPP融资模式，运营旅游开发项目。

5.4.1.3　延伸旅游产业链

依托旅游产业“食、住、行、游、购、娱”六要素，带动旅游食品、住宿设施、慢行系统、景观风貌、土特产品等相关产业发展，延伸扩展健康养生、商务会议、体育运动、婚庆婚拍等旅游外围产业，引导现有产业集群、园区向旅游供给转型。应对多元化旅游需求，延长产业链的“长度”，跨越产业寻找潜力吸引，叠加旅游要素资源，延展旅游场域。大力发展“旅游+农业”（项目支撑：岭区田园综合体建设项目、美丽乡村——乡村旅游提档升级项目等）、“旅游+金融”（项目支撑：玉山国际红酒主题小镇建设项目、通航小镇建设项目等）、“旅游+信息产业”（蓝田ODS智慧旅游体系建设项目、中国玉文化博物馆建设项目等）、“旅游+教育”（葛牌红色小镇提升改造项目、玉山国际红酒主题小镇建设项目、蓝田餐饮名都建设项目、华胥家艺小镇建设项目等）、“旅游+医疗康养”（项目支撑：汤峪温泉小镇提升建设项目、水陆庵宗教文化休闲旅游度假区提升改造项目、蓝田国际田园建设项目等）、“旅游+文化”（项目支撑：蓝田慢生活系统建设项目、蓝桥国际旅游度假区建设项目、白鹿原影视小镇建设项目、中国家风乡约文华苑建设项目等）。

5.4.2 升级“大管理”：旅游管理“多维”优化

5.4.2.1 党政统筹，管理机制标准化

从县域发展全局出发，实行党政统筹，整合党委工作和政府职能，成立旅游工作领导小组或设立旅游委，形成强有力的组织领导机制，实现党政职能统一。地方政府统筹协调，积极吸纳各类旅游行业协会、社会团体等社会组织力量，为旅游管理提供有效补充和支撑，形成“政社互动”的综合管理。在旅游发展保障机制方面，加强组织、宣传、人社、安监等部门支持保障旅游业发展的能力；在旅游综合监管机制方面，增设旅游警察、工商旅游分局、旅游巡回法庭等，统一综合旅游执法单位，改革创新全域旅游综合执法队伍，加大法律法规在旅游领域的执法力度；在旅游诚信机制方面，开设旅游“红黑榜”评价机制，健全旅游投诉和处理机制，将旅游失信行为实时真实纳入社会信用体系记录和信用信息共享平台，加大惩戒力度；在旅游管理标准化机制方面，统一门票价格、接待方式和服务标准，既不能差别区分，也不能漫天要价，为游客提供全域标准化和规范化的优质管理环境。

5.4.2.2 软硬兼顾，监管治理精细化

转变传统的“点状式”监管方式为综合协同监管，破除旅游部门“单打独斗”的局面，完善“县（区）—乡（镇）—村”纵向多级旅游管理队伍，分层级细化全域旅游监管任务，联动旅游、公安、工商、国土、住建、环保、交通运输等各类横向部门，实行“共管共享”的监管模式，形成“全面抓、全面管”的监管联动机制。推进交通环境、卫生环境和旅游环境等硬件设施和软件服务全面升级，打造软硬兼顾、内外一体的全域旅游优质环境，加强景点景区监管，确保景区游览观光有保障、环保卫生有保障、旅游安全有保障、市场秩序有保障。加强县域污染防治，以水、大气和土壤为三大重点治理领域，防治水体污染，改善大气质量，开展土壤修

复，建设环境自动监测站，实时监控，及时反馈，大力发展低碳经济，推动生态旅游、绿色旅游和循环旅游一体化，立足“城镇卫生一体化”和“全域卫生无死角”相结合的策略，持续开展“绿化村屯、净化水源、软化土壤”方面的工作，营造“绿色、整洁、舒适”的旅游环境和居住环境。

5.4.2.3　技术创新，管理平台智慧化

以技术为支撑，实行旅游管理智慧化。以全县 GIS 共享平台为基础，将蓝田全域旅游的信息整理录入旅游数据库，完善视频监控系统和监督指挥中心，开发蓝田全域旅游电子地图和“找厕所”“垃圾位置指引”“公共休闲区位置指引”“门票智能检售”等智能应用，延伸无线互联网覆盖范围，提高宽带运行速度，扩展垃圾与渣土清运管理子系统，构建以服务游客为核心的智慧旅游管理体系，建设游客评价大数据系统，并设立“高低分”曝光平台，形成独具蓝田地域特色的智慧化管理模式。

5.4.3　打造“大品牌”：品牌营销“智慧”创新

5.4.3.1　整合旅游营销体系

不断优化旅游消费环境，改善旅游供求关系，整合分散的营销市场和营销方式，根据不同细分市场，制定针对性营销战略，走一体化、全域化、专业化营销道路，形成“上下结合”“多级联动”的旅游营销格局，发挥好旅游企业的主体作用，建立推广联盟合作平台，做好内外旅游企业间的对接。构筑全域旅游营销新模式，举办“诗意慢城”玉山油菜花海慢游系列活动、千人健步走登山等旅游节庆活动。利用今日头条、腾讯新闻 App，凤凰网、搜狐网网络媒体，官方微信和公众号，其他报纸杂志、广播影视，举办丝博会、旅游休闲博览会等，使蓝田旅游叫响全国。

5.4.3.2　塑造旅游特色品牌

打造凸显蓝田地域和个性的全域旅游品牌形象，以“人文山水蓝

田、丝路生态慢城”为旅游形象主题，注入旅游LOGO设计、主题歌曲、特色吉祥物等品牌元素，统一旅游品牌形象宣传，文化“搭台”，旅游“唱戏”，优化山水品牌，丰富旅游品牌内涵。

5.4.3.3 创新旅游营销方式

将品牌营销、传播营销、内部营销、节事营销等多种营销方式结合起来，实现“大营销”和“全营销”。创建蓝田一体化营销和自媒体推广平台，建立蓝田全媒体营销网络，把握“微时代”潮流，利用微博、微信、微电影等平台，实现“微宣传、微营销、微电商”多元营销。加强蓝田官方微博和微信公众号PC端和移动端页面设计，在已有的专题基础上，增设“路线推荐”“旅游管家”“导游预定”“购物导图”“游客秀”等专栏，创建网上预定、线下体验的旅游智能服务，实现“全城”营销。蓝田相关旅游部门、旅游集团等鼓励员工开通个人微博、微信，实时转发蓝田旅游相关信息，扩大营销范围，实现“全员”营销。在蓝田景点景区、商业街区、历史古镇、餐厅饭店等公共场所，使蓝田旅游的宣传信息时时可见、处处可见，实现“全程”营销。

5.4.4 精准“大扶贫”：助力乡村振兴创新

5.4.4.1 形成“三位一体”旅游产业扶贫新模式

借力城投集团、中建公司等市级部门和单位的资金、政策、资源优势，组建联村支部脱贫攻坚主阵地，通过“三变”改革，形成“龙头企业+联村支部+贫困户”，即龙头企业引领、跨村联带推动、贫困户积极参与的“三位一体”旅游产业扶贫模式。在九间房镇启动慢游廊道项目建设，达到山区贫困村精准发展、集聚发展、加快发展的目的。

5.4.4.2 促进“三生合一”旅游产业扶贫新发展

聚焦生产生活生态，围绕农村农业农民，通过发展千亩荷塘、千亩金银花种植示范园等扶贫产业，使贫困户通过土地流转、就业务工、土特产销售等渠道增加家庭收入。采取政策扶持、技术培训、联户带动措施，以休闲、度假、康养为主要功能，以庭院造景、房屋个性化主题设置为主要内容，打造聚落型民宿，建成玉山“玉川艺术酒舍”、葛牌“石船沟”、九间房“桐花乡约”精品民宿56家。围绕发展乡村旅游，在保留原风貌、突出地域特色的基础上，对近600户山区土坯房进行修缮美化。

5.4.4.3 激发旅游扶贫新动能

通过优势项目建设引领、旅游景区辐射带动、乡村旅游发展带动、旅游服务创业就业等方式，形成旅游产业扶贫“四轮驱动”新动力。依托旅游景区发展建设，辐射带动周边村组群众通过举办农家乐、采摘园、特色民宿、开展旅游商品、土特产销售、餐饮经营等多种形式，成为全域旅游的参与者和受益者。围绕“春季踏青赏花、夏季纳凉避暑、秋季登高探幽、冬季滑雪泡汤”主题，精心设计各类大地景观和一系列影响力大、游客参与性强的节庆活动。大力发展休闲度假、养生养老、研学旅行和以田园风光、民俗体验为主的乡村旅游，使发展全域旅游成为贫困群众的“红利”银行。通过送教上门、办培训班、结对帮扶等方式，开展多层次、多渠道的培训，重点加大对贫困户，特别是贫困家庭未升学子女的培训力度，提高其参与乡村旅游业发展的能力和水平。综合运用信贷扶贫贴息、互助资金投放、财政扶贫资金直补等扶贫措施，帮助贫困群众通过农家乐、农家宾馆、特产经营等方式，形成稳定增收点。

5.5 蓝田县域经济高质量发展特色模式

5.5.1 蓝田县域经济高质量发展特色模式构建

在蓝田县域经济高质量发展思路指导下，结合蓝田实际及经济高质量融合“大产业”、升级“大管理”、打造“大品牌”、精准“大扶贫”发展目标，充分发挥旅游业综合性强、融合面广的特点，继续实施“旅游+”战略，遵循旅游业及其他行业发展规律，使旅游从封闭自循环向开放“旅游+”融合发展方式转变，坚持业态的多元创新，延伸产业链，扩大产业面，构建旅游产业拓展大格局，同时充分利用县域内在自然风光、历史文化、民风民俗、乡土风情、生态环境等方面的资源优势，结合交通区位、产业、市场等，构建结构稳定、功能完备的“一核两廊三域”的空间模型，形成“点、线、面”相互关联、共同作用的蓝田特色全域旅游发展模式（如图5-1所示），推动蓝田由“旅游目的地”向“旅居目的地”转型升级，致力于打造“县域全景、特色全县、众业共进、全民共富”的新型旅游发展格局。

5.5.1.1 “点”——全域旅游核心载体

“点”即旅游区，以旅游区为全域旅游的核心载体，将蓝田县域内的“城市休闲区”“旅游村镇”“旅游度假区”“景区景点”“特色产业集聚区”看作多个互为联系的点，选定资源集聚、交通可达、经营有序、市场青睐的潜力区域；落实空间载体，统筹利用旅游用地、滩涂荒地、扶贫用地等旅游空间，开放共享非旅游空间资源，优先共享城市中的公共休闲、公益文化、商务娱乐等设施；提升核心吸引力，将传统观光资源向生产、生活、体育、商务等潜力资源延伸；配置旅游要素，单要素突破，多要素叠加，特色要素引领，实现要素主体化、休闲化、高端化；完善服务设施，最大限度地满足游客的人本需求与多元需求。

5.5.1.2 “线”——全域旅游连接纽带

以旅游区为端点，以灞河和秦岭北麓蓝田段沿线旅游发展带为主要旅游廊道，利用“旅游公路”“轨道交通”“水上交通”“休闲绿道”“特殊廊道”等旅游廊道将各个点线性串联起来，谋划布局，尽可能多地衔接潜在旅游区和旅游吸引物；从交通节点到休闲节点融入景观要素和文化功能，变交通过程为优质旅游体验过程，实现连接旅游区、促进产业集群、提升区域品牌等效用。

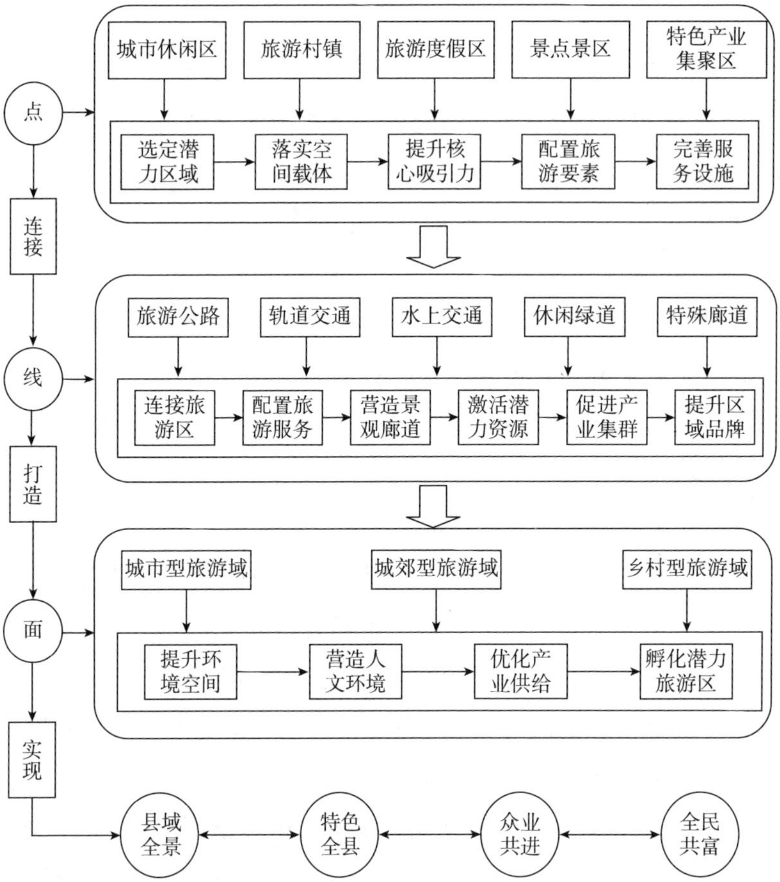

图5-1　蓝田“点、线、面”全域旅游发展模式

5.5.1.3　“面”——全域旅游场域背景

以汤峪温泉小镇、玉山国际红酒小镇、华胥家艺小镇三个特色小镇为引领，根据“县—镇—村”三级联动发展思路，打造“城市型旅游域”“城郊型旅游域”“乡村型旅游域”三种不同的旅游面域，依据不同的特色优势、发展要点和孵化方向，通过增植被、保水土、治污染等方式，提升环境空间；通过城镇地标、景观小品、节庆活动等文化展现，提高社会友好度并改善县域软环境；加大投入力度，优化产业供给，承载旅游场域上下游的新型产业分工；以政策为导向，引进优质旅游投资商，促进全域旅游产品生命周期迭代的良性循环，为旅游活动提供各类支撑。

5.5.2 蓝田特色全域旅游发展模式构建焦点

蓝田旅游资源富集，景点分布广、数量较多，根据市场需求以及形象定位，整合蓝田旅游资源赋存与城市旅游发展，全面实施构建结构稳定、功能完备的“一核两廊三域”的空间结构模型，形成“点、线、面”相互关联、共同作用的蓝田特色全域旅游发展模式，辐射带动周边区域，实现全域化覆盖。其焦点在于需进行“景区→目的地”“单一产品→复合产品”“自循环→融合性产业”“城市旅游→城乡旅游”等格局优化，实现蓝田县经济高质量发展等。

5.5.2.1 “景区→目的地”格局优化

长期以来，蓝田县旅游产业发展重点关注景区景点建设，但从旅游功能实现角度来看，已经建成的景区景点之间缺乏必要的线路联系，在管理体制、机制上也存在不适应现代旅游发展的问题，且与旅游发展密切相关的公共服务体系如旅游标识、解说等建设不足，需要从单纯的重视景区建设向重视综合的目的地体系建设转变。蓝田特色全域旅游的发展关键在于突破传统景区的束缚，不依赖传统的景区（点），不以观光为单一目的；崇尚到处都是景点，随时都能成行；以旅游活动为中心，注重旅游体验。通过无景区化的提升过程，实现传统景区向旅游目的地的转变。

5.5.2.2 “单一产品→复合产品”格局优化

蓝田拥有良好的区位优势，将是一条具有较强吸引力的旅游线路，旅游集散功能将进一步突出，实现从旅游节点向旅游集散中心的转变，并与周边区域产生联动作用，带动整个大区域的旅游发展和整体吸引力的提升。从供给侧来看，蓝田自然旅游发展势头较好，人文旅游稍有不足，说明目前旅游总体有效供给不足。因此亟须进一步促进旅游产品的创新开发，由单一旅游产品转向复合旅游产品，由传统一代的“新、奇、特”转向互联网一代的“酷、爽、萌”，根据全域旅游创新和游客需求，加快蓝田旅游产品格局的优化。

5.5.2.3 “自循环→融合性产业”格局优化

从世界旅游市场消费趋势上看，以文化、生态、宗教、良好环境为核心竞争力的旅游产品取向是世界旅游市场的共同追求。在观光旅游的基础上稳固品牌，面向市场消费方式转型，提供与现代生活方式紧密相关的旅游新业态，供应更加丰富和充裕的旅游产品，向集观光、休闲、度假、康养于一体的综合消费方式转变，是蓝田旅游发展的最终方向。大力推进“旅游+”，充分发挥旅游业的拉动作用和融合能力，实现旅游业与其他行业的磨合、组合和融合，推进旅游业与城镇化、文博、农业、工业、康养、文创、体育等领域全面融合，延伸产业链，扩大产业面，促进旅游功能全面增强，进一步促进蓝田旅游产业向产业经济转变，形成“大旅游、大市场、大产业”格局。

5.5.2.4 “城市旅游→城乡旅游”格局优化

大力盘活蓝田各乡镇的旅游资源，开发综合性的乡村度假旅游产品和体验类项目；同时紧抓特色小镇建设，引入国际先进经营理念，将旅游与城镇化建设紧密结合，以整村、整镇改造为抓手，改变城乡旅游供需失衡的状态，实现蓝田全域旅游快速发展。

5.5.2.5 “被动接待→主动产业”格局优化

随着旅游发展对地方社会、经济、文化全面发展的带动作用日益突出，各地方政府均将大力发展旅游产业提升到战略高度，纷纷加大旅游投入，区域范围内的市场竞争更加激烈，旅游发展“酒香不怕巷子深”的传统营销观念已难以适应旅游市场竞争的需求。但目前蓝田县旅游营销投入与旅游大突破、大发展的需求很不适应。顺应时代特征，不断提升旅游景区营销执行力，通过广告宣传、节事活动、口碑传播、公关宣传、网络营销等方式进行主动营销是蓝田旅游的重要任务。

6

蓝田县域经济高质量特色发展模式可行性分析

为进一步促进蓝田县经济高质量发展，结合蓝田县实际，课题组确定了“万年蓝田千年玉·十里慢城白鹿原”大品牌建设主题，并构建以旅游区为全域旅游的核心载体、以灞河和秦岭北麓蓝田段沿线旅游发展带为两大廊道，打造“城市型旅游域”“城郊型旅游域”“乡村型旅游域”三种旅游面域的“一核两廊三域”的空间模型，形成“点、线、面”相互关联、共同作用的蓝田特色全域旅游发展模式，致力于打造“县域全景、特色全县、众业共进、全民共富”的新型旅游发展格局。此种特色发展模式是否符合蓝田县经济高质量发展要求，需做进一步分析。

6.1 理论基础可行性分析

全域旅游是一种全新的旅游观念，是指将旅游行业作为某区域的优势产业，实现此区域经济社会资源的升级和优化，包括公共服务、旅游资源、体制机制、生态环境、文明素质及政策法规等。由此可见，全域旅游是限定在特定区域范围中的，在此范围中要将旅游产业视为优势产业，对区域内的公共服务等各类资源进行整合、配置，实现多产业的融合发展，在旅游产业的带动下，全面推进社会经济的发展。在县域经济中，县城作为中心，乡镇被视为纽带，农村则作为腹地，共同构成国家经济的基本单元，主要特点是侧重于对重点产业的发挥，打造比较优势，形成自身的产业特色，做到因地制宜。因此县域经济的发展要强调县城、乡镇、农村的共同发展，要因地制宜，形成自身产业特色。

依据比较优势理论和资源禀赋理论分析：蓝田县是大西安的战略水源地、生态屏障地、重要文化标识地和乡村旅游聚集区；是“蓝田猿人”发祥地、华胥故里，享有“中国天然氧吧”“美玉之乡”“温泉之乡”“厨师之乡”“陕菜之乡”和“白皮松之乡”等美誉；蓝田县现有 A 级旅游景区 14 处，是西安市 A 级旅游景区最多的县，2019 年成功创建陕西省旅游示范县，接待国内外游客 3679 万人次。蓝田县交通区位优势明显，旅游资源富集，生态环境良好，旅游业发展基础较好，依据比较优势理论和资源禀赋理论，蓝田县适合将旅游业作为优势产业发展。

依据区域经济差异理论、熊彼特创新理论、协同理论、耦合理论分析：在县域经济的发展过程中，县城作为中心，乡镇可视为纽带，农村则作为腹地，广大的乡镇和农村是县域经济高质量发展的关键点。可将旅游业发展和乡村振兴作为县域经济高质量发展耦合作用的两个子系统来分析。乡村旅游的发展会增加消费和投资，为乡村振兴奠定坚实的物质基础。而随着乡村建设的深入，其又会为乡村旅游资源的开发创造必要的发展条件。旅游业的发展与乡村振兴作为耦合作用的两个子系统在这样两种力量交互作用下共同发展。旅游业与乡村振兴又离不开各个因素的协同作用。蓝田县通过健全政府工作机制，完善交通网络，凸显生态优势，开展美丽乡村建设，成立蓝田县全域旅游开发公司，形成政府、企业、农民等因素协同作用的系统工程，促进区域经济协同发展。

蓝田全域旅游发展模式正是依据自身旅游业发展优势，充分发挥旅游业综合性强、融合面广的特性，有效延伸产业链，扩大产业面，全面推进县域社会经济发展。同时，通过“一核两廊三域”空间模型的构建，形成“点、线、面”相互关联、共同作用的蓝田特色全域旅游发展模式，能够有效地将县城、乡镇和农村进行串联，促进全县共同发展。

6.2 发展背景可行性分析

6.2.1 做强优势产业，推动经济快速发展

“大力发展全域旅游”被写入2017年《政府工作报告》，2018年被文化和旅游部定为“全域旅游年”，这标志着全域旅游正式进入国家战略体系。2019年，全域旅游发展工作要求加快全域旅游发展模式转变，围绕全域统筹规划、整合资源，全要素综合配置，全社会共治共管、共建共享目标，推进“旅游+”战略，不断衍生“旅游+城镇化”“旅游+交通”“旅游+体育”“旅游+康养”“旅游+教育”等新产品、新业态、新供给，深化供给侧结构性改革，这将成为我国旅游业的战略发展方向和未来趋势。同时，党的十九大报告提出“在未来发展中要坚持实施乡村振兴战略、坚持人与自然和谐共生，推进生态文明建设”。《中华人民共和国国民经济和社会发展第十四个五年规划》中强调，要发展县域经济，推进农村一二三产业融合发展，延长农业产业链条，发展各具特色的现代乡村富民产业，推动种养加结合和产业链再造，提高农产品加工业和农业生产性服务业发展水平，壮大休闲农业、乡村旅游、民宿经济等特色产业。蓝田特色全域旅游发展模式强调生态建设、乡村振兴、产业融合、共同富裕，符合国家战略发展需要。

6.2.2 坚持绿色发展，开展生态文明建设

“十三五”时期，陕西省重点打造大秦岭人文生态旅游度假圈，坚定不移走“绿水青山就是金山银山”的绿色生态发展之路。“十四五”期间，进一步提升生态系统质量和稳定性，构建自然保护地体系，健全生态保护补偿机制。蓝田县具有丰富的自然资源，良好的生态环境，独特的人文景观，突出的区位优势，是蓝田人民赖以生存和发展的宝贵财富。蓝田特色全域旅游发展模式以大秦岭人文生态旅游度假圈为依托，坚持可持续发展战略，实行保护与发展相协调的措

施，坚持防止污染产生与污染治理相结合，保护好有限的环境资源，建立合理而富有特色的生态体系，改善和提高旅游环境质量，打造“县域全景、特色全县、众业共进、全民共富”的新型旅游发展格局，符合生态文明建设的要求。

6.2.3　产业转型升级，多元融合发展

蓝田特色全域旅游发展模式继续实施“旅游+”战略，立足旅游资源优势，牢固树立“创新、协调、绿色、开放、共享”的新发展理念，遵循旅游业及其他行业发展规律，发挥全域旅游统领经济社会发展的重要作用，推进旅游业转型升级，使旅游从封闭自循环向开放“旅游+”融合发展方式转变，并与研学、体育、康养、农业、工业、科技、创意七大领域充分融合，坚持业态的多元创新，延伸产业链，扩大产业面，构建旅游产业拓展大格局，为蓝田县旅游业发展拓展空间，为全县经济的协调可持续发展奠定基础。

6.2.4　建立文化自信，弘扬革命精神

《中共中央关于深化文化体制改革　推动社会主义文化大发展大繁荣若干重大问题的决定》中指出，在改革开放的攻坚时期，文化越来越成为民族凝聚力和创造力的重要源泉。蓝田县的历史文化熠熠生辉，旅游作为文化传承与弘扬的重要载体，既是蓝田人民的共同期盼，也是新时期蓝田县社会经济文化发展的必然选择。同时，蓝田县红色旅游资源独特，发展红色旅游势在必行。“红色旅游作为政治工程、文化工程，必须突出强调其在加快构建社会主义核心价值体系中的重要作用。”大力发展红色旅游，是党中央从巩固和扩大党执政的思想基础、群众基础、文化基础的战略高度作出的一项重大决策。发展红色旅游已经成为建设社会主义精神家园的国家意志。蓝田特色全域旅游发展模式以“万年蓝田千年玉·十里慢城白鹿原”为大品牌建设主题，弘扬历史，传承文化，符合“四个全面”的建设需求。

6.3 发展条件可行性分析

6.3.1 区位条件分析

蓝田县位于陕西秦岭北麓、关中平原东南部，隶属陕西省西安市，是西安的东大门。东南以秦岭为界，与洛南县、商州区、柞水县相接；西以库峪河为界，与长安区、灞桥区毗邻；北以骊山为界，与临潼区、渭南市接壤。距西安市 22 千米，交通便利，有高速公路 G40、G70、G312、S101、S107 和蓝渭、蓝汤等省、市、县级公路十多条，形成“非”字形四通八达的公路网。蓝田自古为秦楚大道，是关中通往东南诸省的要道之一，交通区位条件优越。蓝田县历史悠久，人文荟萃，风光秀丽，景色迷人，境内有王顺山国家森林公园、水陆庵、汤峪温泉、蓝田猿人遗址、白鹿原、葛牌镇区苏维埃政府纪念馆、辋川溶洞、蔡文姬纪念馆、焦岱鲍旗寨村、华胥杏花谷等众多旅游景点，深受游客喜爱，旅游区位优越。

6.3.2 自然条件分析

蓝田县处于骊山—秦岭之间的山前断陷盆地，地貌类型有河谷冲积平原、黄土平原、黄土丘陵、秦岭山地。蓝田县具有丰富的水资源，地表水系为黄河流域渭河水系，主要河流有灞河、浐河和辋河。蓝田县境内矿产资源丰富，是闻名遐迩的“美玉之乡”。蓝田县属暖温带半湿润大陆性气候，四季冷暖分明，气候宜人，年平均气温为 13.1℃，日照 2148.8 小时，无霜期为 212 天，具有温暖、雨量适中、四季分明、雨热同季、生产潜力大，但气象灾害亦多且频繁的特点。境内由于半封闭的盆地地形和山地的影响，气候的地域类型丰富多样，为农林牧副渔业生产提供了有利条件。森林在山区分布面积最大，岭区次之，川原很少，优势树种有油松、华山松、刺槐、杂木、山杨、白皮松等，有“白皮松之乡”的美誉。另有经济树种核桃、梨、石榴、木瓜、李梅、樱桃、花椒及野生猕猴桃、山葡萄等，华胥大杏是其优良产品。

6.3.3 文化资源条件分析

蓝田人文历史厚重，具有“美食美玉美汤泉，古道鹿原王顺山，革命宗教始祖远，王维文姬四吕贤”十二类地域文化，形成了美食文化、美玉文化、美汤文化、古道文化、民俗文化、生态文化、红色文化、宗教文化、史前文化和名人文化十大文化。

6.3.3.1 美食文化

蓝田是著名的“美食之乡”，也是中国“四大厨师之乡”之一。地方美食众多，有豆腐、神仙粉、凉皮、桂花稠酒、糍粑、蓝田九大碗等特色美食。蓝田勺勺客在清代已闻名全国，现如今更是驰名中外，成为一种独特的饮食文化现象。

6.3.3.2 美玉文化

蓝田玉文化历史悠久，以周礼“玉之美者为蓝”，故得县名“蓝田”，有“美玉之乡”的称号。蓝田玉石是中国四大名玉之一，相传秦始皇传国玉玺便是由蓝玉所制，唐明皇也曾以蓝田绿玉为杨贵妃制作磬。古往今来，蓝田玉备受世人喜爱，正所谓“观之其味无穷，藏之价值连城”，负有盛名。因此，美玉文化成为蓝田走向世界的文化名片之一。

6.3.3.3 美汤文化

蓝田温泉久负盛名，历史悠久，始于汉朝，鼎盛于唐朝。汤峪温泉水清澈，具有较好的医用价值，素有“神水”之称，是历代皇家沐浴之地，被誉为皇室沐浴之源和世界温泉沐浴发祥地。汉代建有闻名于世的“皇室御汤院”，到了唐代，汤峪温泉被御赐为“大兴汤苑”，将汉代沐浴文化进一步发扬光大，甚至远播日本、东南亚等国。

6.3.3.4 古道文化

蓝田自古为秦楚大道，是关中通往东南诸省的要道之一，历史上著名的蓝关古道即是秦王嬴政统一六国成其霸业后修建的九大驰道秦楚大道之一。蓝关古道北起咸阳，南及荆楚，经蓝田县，入商洛、出武关到达秦岭东南各地，既是联络关中与东南的唯一交通要道和防卫来自东南威胁的最后一道关隘，也是争夺天下、发兵东南必经的第一要塞，具有极其重要的军事战略意义。历代统治者无不把蓝关古道视为沟通秦岭南北，促进东西经济、文化、商贸交流和加强中央集权统治的交通枢纽，更有唐代大文学家韩愈“云横秦岭家何在，雪拥蓝关马不前”的名句流传千古，为古道积淀了深厚的文化底蕴。

6.3.3.5　民俗文化

基于深厚的历史文化传统和农耕文化底蕴，蓝田民间风俗文化异彩纷呈。其中，白鹿原历史悠久，地方民俗多姿多彩，是蓝田地域民俗文化的集中展现。二黄戏、花鼓戏、道情戏、秧歌、跑佛、锣鼓队、高跷、芯子等民间曲艺表演，剪纸、花灯、泥塑、石刻、编织等民间传统工艺，以及庙会、民间社火等特有的节庆活动，无不彰显出蓝田浓郁的地方民俗特色。此外，蓝田水会音乐作为第一批被列入国家非物质文化遗产名录的珍贵文化遗产，也是蓝田民俗文化的典型代表。

6.3.3.6　生态文化

“终南之秀钟蓝田。”蓝田位于绿海飘翠的关中平原与巍峨雄伟的秦岭环抱之中，山雄、岭秀、塬坦、川阔，是风景宜人的风水宝地。其中，“兼华山之险，具黄山之秀”的王顺山更是被赞誉为“天下名山此独奇，望中风景画中诗”，是秦岭终南山世界地质公园的重要组成部分。王顺山森林景观独特，地形地貌奇险，登上王顺山顶峰玉皇顶，可东眺西岳华山，北望渭水连天，南观群山蜿蜒，西瞰古都长安。

6.3.3.7　红色文化

红色文化是在革命战争年代，由中国共产党人、先进分子和人民群众共同创造的极具中国特色的先进文化，蕴含着丰富的革命精神和厚重的历史文化。红色文化激励了一代又一代中华儿女为理想和信仰拼搏奋斗。蓝田的红色文化资源丰富。“红色古镇”葛牌镇是长征路上的第一个红色政权——葛牌镇区苏维埃政府。汪锋纪念馆是青少年革命传统教育基地。

6.3.3.8　宗教文化

水陆庵是蓝田宗教文化的代表。水陆庵本是唐代悟真峪北普陀兰诸庵内的水陆殿，历经五代、宋、元、明、清多次重修，作为古代著名寺院，有深厚的宗教文化底蕴。此外，唐代善导大师等得道高僧在悟真寺创立净土宗，奠定了水陆庵景区作为佛教净土宗祖庭的宗教地位。随着历史变迁和净土宗的发展传承，也积淀了深厚的净土宗佛教文化底蕴。

6.3.3.9　史前文化

蓝田历史文化悠久，是华夏文明最早的萌发地之一，早在百万年前，蓝田人便在这里生息，境内古迹遗迹众多，文物精品荟萃。作为古人类生息繁衍的地方，这里有驰名中外的公王岭蓝田猿人遗址，其中，公王岭化石是亚洲北部迄今发现的最古老的直立人化石，因此蓝田被誉为“猿人故乡”。此外，蓝田猿人遗址挖掘出土的古动物化石和古人类化石，还蕴含着时代丰富的物种迁徙和地球气候环境变迁信息，可以说是“中华民族之根、人类之魂”的实物见证。

6.3.3.10　名人文化

蓝田不仅物华天宝、资源富集，而且钟灵毓秀、人杰地灵。这里是唐代宫廷名画家韩干、北宋大儒关中“四吕”和清末民初文学代表牛兆濂等历史名人的故乡，是唐代历史文化名人王维的隐居之地，也是战国英雄荆轲、东汉才女蔡文姬等的归葬之地，还是李先念、刘志丹等革命前辈战斗的地方。著名当代作家陈忠实的小说《白鹿原》也是取材于此地，可谓是名人辈出。

6.3.4　旅游资源条件分析

蓝田县山水相依、塬岭相间、四季分明、气候宜人、景色壮丽秀美，优越的自然生态环境铺就蓝田全域旅游发展的本底。蓝田县既有秦岭、灞河等山水生态资源，又有水陆庵佛教文化底蕴；既有蓝田猿人遗址、华胥陵遗址等遗址遗迹，又有水会音乐国家级非物质文化遗产，旅游资源丰富。其中地文类景观的代表有王顺山、莲花山、辋川溶洞等，水域风光的代表性景区有灞河、汤峪湖、汤峪温泉等，生物景观有白皮松、王维手植银杏树等，遗址遗迹类景观有蓝田猿人遗址、华胥陵遗址、蓝关古道遗址等，建筑与设施景观有汤峪旅游度假区、水陆庵、葛牌古街、汪锋故居等。蓝田县共有4A级景区2处，3A级景区7处，2A级景区5处（见表6－1）。

表6－1　西安蓝田县A级旅游景区名单

等级	数量/处	名单
4A级	2	白鹿原影视城景区、王顺山国家森林公园
3A级	7	水陆庵、西安流峪飞峡生态旅游区、蓝田猿人遗址、蔡文姬纪念馆、西安辋川溶洞风景区、西安金鼎蓝田玉文化石艺博览园、蓝田丝路慢城玉山景区
2A级	5	葛牌镇区苏维埃纪念馆、汪锋故居纪念馆、伊利集团西安乳业园、西安莲花山森林公园、西安玉山蓝河风景区

6.3.5　产业发展条件分析

农业方面：初步形成了以白鹿原、横岭为重点的商品粮基地，以西川为主的特色水果基地，以山岭地区为主的绿色、无公害蔬菜和中药材基地，以东西川为主的蔬菜基地，山区食用菌基地，水安路沿线形成了草莓产业带。蓝田县在农业产业化方面、产业区域布局方面和农业服务体系建设方面都取得了巨大成就。

工业方面：西北家具工业园是目前西北地区规模最大、配套最全的专业家具工业集中区。西安食品产业园是西安市委、市政府与蓝田县委、县政府重点推进和支持发展的大型项目之一，是省级工业园区——西安蓝田工业开发区专为食品相关产业链的中小企业开辟的发展壮大区。蓝田玉石产业也是蓝田县的传统工业。

旅游业方面：蓝田县乡村旅游发展始于2000年前后，最初是以依托王顺山、汤峪等旅游景点自发兴起的“农家乐”形式发展，是陕西省第一批发展起来的乡村旅游。近年来，蓝田县聚焦城市民宿和乡村民宿，以休闲、度假、康养为主要功能，结合各地特色，打造风格适宜、个性凸显的主题民宿，形成了养老民宿、温泉民宿、写生民宿和红色民宿等类型。截至2019年12月，蓝田县共发展民宿328户、床位2620张，申报等级民宿15户，培育民宿示范村12个，年度挂牌示范户10家。白鹿原舍、桐花乡约荣获“西安市十佳民宿”。经过十几年的发展，蓝田县基础设施进一步完善，旅游接待能力大大提升，逐步形成了以观光、休闲、度假为主体的休闲农业和乡村旅游产业。近年来，蓝田县扎实推进全域旅游战略，坚持旅游发展统筹全县工作，全域旅游“蓝田模式”获国务院“免督查”殊荣，在西安市各区县进行经验推广。蓝田县的全域旅游发展取得了显著的成绩。

6.4 市场需求可行性分析

近年来，蓝田县以文旅产业为龙头，多产业融合发展，全面实施“旅游+”战略和构建全域旅游发展模式。相继举办两届“诗意慢城”新春灯会、春游蓝田国际旅游文化节、第十一届国际葡萄与葡萄酒学术研讨会暨丝绸之路农村产业融合论坛等系列主题活动。蓝田县扎实推进全域旅游战略，激发全域旅游活力，旅游综合收入稳步增长。旅游业是可以推动地方经济发展，促进就业和拓宽城乡居民消费的支柱性产业，而旅游市场需求决定全域旅游的发展方向，需要进一步对目标市场、旅游消费特征和旅游市场热点进行分析。

6.4.1 游客接待量现状分析

新一轮西部大开发“以产业发展为主”的战略导向为蓝田产业发展提供了有利契机。“一带一路”在空间上形成促进中外互惠互利、东西交流合作的纽带，将蓝田推至对外开放的前沿阵地。国家战略的叠加将持续释放系列政策红利，为蓝田全面发展提供难得的历史机遇。近年来，蓝田县旅游竞争力不断加强，也吸引着越来越多的游客前来旅游。

2017年接待国内外游客3302万人次，比上年增长106%，旅游业总收入为64.58亿元，增长42.5%；2018年蓝田县累计接待游客4208万人次，旅游综合收入为96亿元；2019年蓝田县接待国内外游客3679万人次，旅游业总收入为94.92亿元，下降9.6%。总体来看，近年来蓝田县的旅游接待人数整体趋于上升趋势（如图6－1所示）。但是，蓝田县当前游客旅游消费处于中等偏下层次，这要求未来旅游发展中蓝田县在保持中档游客满意程度的前提下，通过强化特色旅游商品，吸引并刺激游客的购买及消费欲望，提高旅游质量拉动这一消费群体的消费数额；同时要通过吸引投资，引进高端度假酒店、探索极限地等深受市场欢迎的高端休闲度假项目，以期吸引高收入旅游者来此进行高端消费。

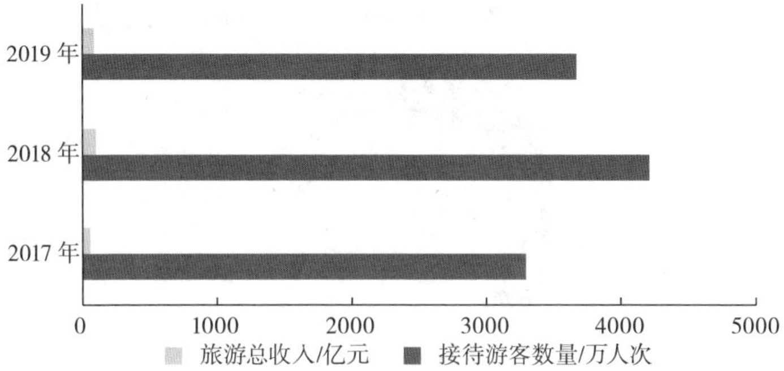

图6－1　西安市蓝田县2017—2019年旅游接待量

6.4.2　客源市场分析

从地域空间来看：蓝田县旅游统计数据显示，蓝田旅游客源市场由西安城区及蓝田近邻的渭南、长安、灞桥、临潼等地转变为以蓝田为中心，向秦岭沿线的周至、户县、泾阳等地辐射，咸阳、宝鸡、天水、内蒙古、汉中、安康等城市和地区也成为蓝田县的主要客源市场。整体上，到访蓝田的国内游客以省内客源为主，省外客源以甘肃、内蒙古为主。另外，百度指数大数据显示，以“蓝田旅游”为关键词进行检索，检索量从高到低排名前10位的省份依次为陕西、广东、北京、浙江、江苏、山东、河南、上海、四川、湖北。综合来看，陕西周边的省市，以及经济发达的北京、上海、浙江、江苏等省份是对蓝田旅游关注度较高的客源市场。根据地缘因素、关注度以及游客量等因素，可将蓝田县的旅游市场划分为三个级别（见表6－2）。

表6－2　蓝田县客源市场分析

客源市场	区域
基础市场	蓝田县及西安市其他区县
高潜力市场	陕西省其他地市：商洛、安康、铜川、渭南等地
机会市场	甘肃、内蒙古、广东、北京、浙江、江苏、山东、河南等省份

从人口学特征来看：国内游客中，男性游客比例高于女性，占全部游客的64.90%，女性游客占35.10%（如图6－2所示）。调查还显示，按年龄结构来看，青壮年游客（25~44岁）占据国内游客主体地位。

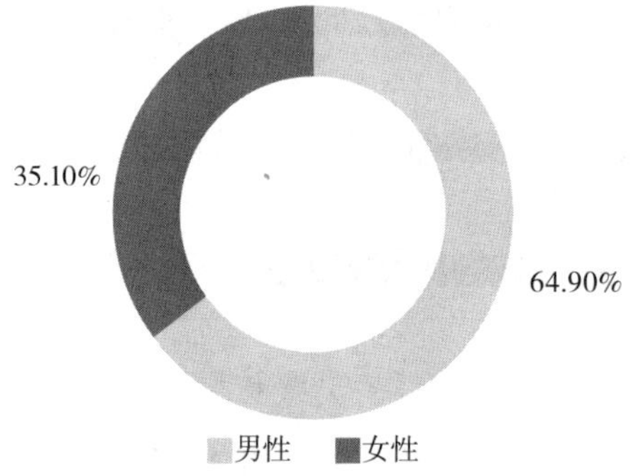

图6－2　蓝田县客源市场男女比例

从出游方式来看：自2000年以来，我国汽车产量进入高速发展期，私家车数量持续激增，2020年中国机动车保有量达3.72亿辆，较2019年增加了0.24亿辆，同比增长6.90%。伴随着经济发展和社会文明步伐加快，城乡居民闲暇时间增多，可自由支配收入增加，旅游已经成为一种常态化的社会生活方式。旅游活动过程中游客体验人生、挑战自我、实现自身价值的愿望日益强烈，传统团队走马观花式的旅游活动弊端凸显，应运而生的个体化、家庭型自助散客式旅游成为旅游者的首选。因为私家车的配备和人们需求的改变，自驾出行成为越来越多旅游者的选择。通过对游客旅游组织方式构成进行调研可知，蓝田县接待的国内游客中采取自驾车出游的占61%；参加旅行社组团出游的占10%；采取其他出游方式的占29%（如图6－3所示）。

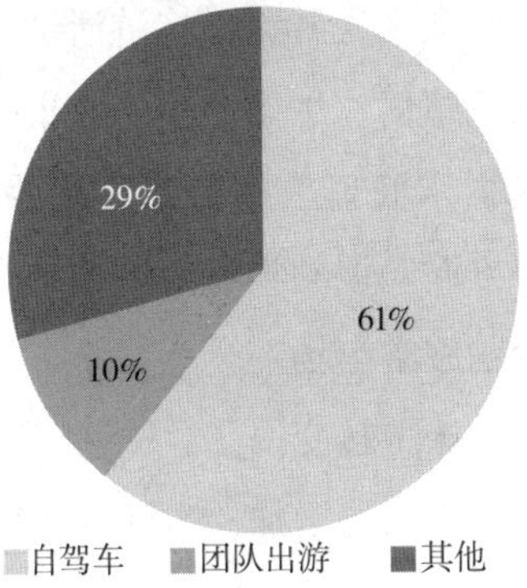

图6－3　蓝田县客源市场出游方式

从需求转变看：

①观光旅游向休闲度假旅游转变。

休闲是在闲暇时间内以各种方式通过身心的调节与放松，达到生命保健、体能恢复、身心愉悦等目的的一种活动。如今，休闲已形成了较为完整的产业体系，包括旅游业、娱乐业、服务业、文化产业、体育产业为龙头的经济形态和产业系统以及由此连带产生的产业群。现代社会经济的迅速发展促使旅游消费需求不断攀升，旅游者的消费需求不再只是简单的观光，而是希望从旅游过程中获得集知识性、娱乐性、体验性、享受性等为一体的多重满足。蓝田县地处西安市1小时经济圈范围内，是西安市等周边城市市民短途休闲旅游的重要目的地之一。在旅游活动过程中，游客追求更多的是深度体验，旅游市场消费需求正在由观光旅游向休闲旅游、度假旅游转变（见表6－3）。

表6－3　蓝田县游客旅游方式的改变

关键词	整体日均值
休闲旅游	138
观光旅游	131
度假旅游	364

②大众旅游向专题旅游转变。

现代社会教育的普及和人类文化素质的提高促使旅游消费需求呈现细分化趋势，传统大众观光游览型旅游活动市场需求锐减，代之而起的是文化体验、红色感悟、生态养生、农事体验、宗教朝拜、研学旅游等主题旅游市场需求旺盛。旅游者把旅游与历史、民俗、科技、宗教、文学、艺术等方面知识的学习与体验结合起来，旅游功能不断拓展，形成了现代专题旅游市场。

③弹性旅游向刚性旅游转变。

随着城乡居民经济收入的增加，生活水平的显著提高，加上便捷的交通、完善的服务，人们参与旅游活动成为现实。旅游不再是社会群体中少数人的生活方式，而成为社会公众追求精神文化愉悦和物质享受的常态化生活方式，成为城乡居民生活中不可或缺的组成部分。旅游已经从机会性、弹性市场需求转变为刚性市场需求。

④传统激励向“旅游 IP”转变。

我国旅游业经过三十多年的快速发展，已经成为全国各地国民经济发展的重要组成部分和城乡居民必需的服务性消费。然而，旅游作为一种“眼球经济”，企业的市场营销刺激显得尤为重要。随着现代营销观念的植入，“旅游 IP”引爆营销方式已经成为旅游目的地政府与众多旅游企业拓展旅游客源市场的重要途径与手段，从而促使我国旅游正在发生着从传统激励向事件引爆的巨大转变。这就要求旅游目的地要打造典型“旅游 IP”，塑造代表性的旅游品牌，从而带动整个县域旅游的发展。

从旅游市场热点来看：

①山地运动及休闲度假：传统的山地旅游以观光为主。随着“旅游 + 体育”“旅游 + 养生”的业态融合发展，游客的兴趣点正逐步转移到生态更好、气候更宜人、生活更安逸的山区。山地旅游养眼、养身、养心，且情感体验深厚，山地原生态的环境优美神怡，非常适合放松心情，休养生息。山区良好的生态环境，夏季优越的避暑气候条

件，加之特色的民俗风情体验，使得山地运动和休闲度假成为游客重要的休闲度假方式之一。

②文化休闲旅游：旅游业发展进入新常态后，文化在旅游业中的地位和作用越来越重要，成为整个旅游业的灵魂和支柱，决定着旅游业的发展方向和兴衰成败。消费者越来越注重生活中的文化体验，与文化创意结合的旅游项目、旅游产品，是文化旅游的主导方向，从市场来看，文化作为旅游需求重要的驱动因素，越来越得到市场的关注。消费升级带来的文化诉求越来越明显，旅游业拓展文化内涵是必然趋势。总体来看，旅游业与文化产业进行融合发展符合市场需求，文化旅游备受消费者青睐。

③康养旅游：人口老龄化是当今世界各国共同面临的严峻挑战。目前我国已经成为世界老年人口最多的国家，也是老龄化速度最快的国家之一。我国老龄化正在以规模庞大、增速加快、未富先老、区域不平衡的特征和发展趋势深刻影响着社会经济的发展。传统的家庭养老模式已经无法满足中国老龄化社会快速发展的需求，健康与养老产业成为应对人口老龄化的长久之计。康养以其休闲放松、健康生活的特点而备受旅游者青睐，康养旅游市场得以持续扩张。康养产业覆盖面广、产业链长，涉及健康、养老、医疗、旅游、体育、保险、文化、科技信息、绿色农业等多个领域，推动着相关产业的有机融合，是扩大消费需求的重要突破口。作为现代服务业的重要组成部分，康养产业将民生福祉与经济社会发展连接起来，具有拉动经济增长的巨大潜力。康养旅游是一种建立在自然生态、人文环境、保健体验基础上，结合观赏、品尝、休闲、游乐、避暑、避寒、康体等形式，以达到延年益寿、强身健体、修身养性等目的的旅游。对生态养生旅游市场的调查结果显示，超过 90% 的人群有意愿选择生态养生旅游产品，康养旅游已成为时代发展热点。

④乡村旅游：乡村旅游是以具有乡村性的自然和人文客体为旅游吸引物，依托乡村区域优质的自然环境、建筑和文化资源，开发出休

闲体验、度假娱乐的一种旅游方式。当前中国逆城镇化盛行，回归田园的生活方式日益兴起，乡村旅游作为田园休闲度假的重要形式之一，得到广大旅游者的热爱。2018 年休闲农业和乡村旅游接待游客 30 亿人次，营业收入超过 8000 亿元。自 2012 年党的十八大提出“把生态文明建设放在突出位置，努力建设美丽中国，实现可持续发展”，到 2013 年美丽乡村目标的提出，作为乡村建设的重要推手，乡村旅游俨然成为中国新时期乡村旅游发展的宠儿。生态、文化、生活与艺术成为乡村旅游开发的高度关注点，生态因素与文化因素是乡村旅游吸引游客的基础，充分利用生态与文化特点将提升乡村旅游品质，为其发展带来持续动力，同时融入生活与艺术气息，打造真实独特的乡村体验。乡村旅游不仅满足了人们对田园生活的向往之情，也带动了乡村的经济发展，从而实现乡村振兴。

从资源关注度来看：通过百度指数进行分析，蓝田县游客关注的高频词有旅游、蓝田、白鹿原、餐饮美食、医疗健康、民俗、文化、休闲、王顺山等，说明蓝田旅游已经形成相对明显的旅游文化标签，以白鹿原为代表的新型旅游景点和以王顺山等为代表的传统旅游景点为游客所接受和喜爱，休闲旅游、美食旅游、养生旅游为人们所关注。但是，蓝田猿人、蓝田玉、红色革命文化的关注度还不够，文化特色性、资源关联性、游客知晓度还有待进一步提高。

6.5 可行性分析综述

通过对蓝田县域经济高质量发展的理论基础、发展背景、发展条件、市场需求等方面进行分析，结合典型经验借鉴得出，蓝田县应当重视旅游品牌营销，通过广告宣传、节事活动、口碑传播、公关宣传、网络营销等方式进行主动营销，在“人文山水蓝田、丝路生态慢城”战略发展定位之下，大力推广“万年蓝田千年玉 · 十里慢城白鹿原”大品牌建设主题。同时，结合人们的休闲度假、文化旅游、养生旅游、乡村旅游、体育旅游、自驾旅游需求，进一步凸显历史文化、

“慢”游特色，优化生态环境，建设灞河和秦岭北麓蓝田段沿线旅游发展带两大廊道，实现从旅游节点向旅游集散中心的转变，并与周边区域产生联动作用，带动整个大区域的旅游发展和整体吸引力的提升。将“城市型旅游域”“城郊型旅游域”“乡村型旅游域”进行串联，从单纯的重视景区建设向重视综合的目的地体系建设转变，实现整个区域的协调发展，打造“县域全景、特色全县、众业共进、全民共富”的新型旅游发展格局。此种高质量特色发展模式极具可行性。

7

国内外典型经验借鉴

近年来，蓝田县扎实推进全域旅游战略，坚持旅游发展统筹全县工作，着力打造四季旅游产品，高水平编制旅游发展系列规划，组建全域旅游开发有限公司，免费开放所有国有景区，激发全域旅游活力，全域旅游“蓝田模式”获国务院“免督查”殊荣，在西安市各区县进行经验推广。蓝田县全域旅游的发展取得了显著的成绩，但是也存在着短板和不足，需要进一步学习先进的发展经验，取长补短，促进全域旅游的高质量发展。

国际方面：阿尔卑斯山六国之中，瑞士所辖的阿尔卑斯山国土面积占比最大，是全球游客公认的体验阿尔卑斯山的最佳地区。瑞士阿尔卑斯地区构建了规范系统的全域旅游业发展体系，作为其优质可持续发展的根本所在。近年来，韩国旅游业快速发展，2019 年韩国旅游业竞争力在全球排第 16 名。济州岛是韩国旅游发展的重要组成部分，济州岛通过举办知名的国际赛事、创造优良的生态环境、进行科学的规划，成为世界著名的岛屿性旅游目的地。国内方面：2019 年 9 月，文化和旅游部正式认定并公布了首批 71 个国家全域旅游示范区名单，2020 年 11 月，文化和旅游部公示了第二批 97 个国家全域旅游示范区名单。这些先进经验为蓝田县全域旅游的发展提供了经验借鉴。

7.1 国外典型经验介绍

7.1.1 瑞士阿尔卑斯山地区

7.1.1.1 基本情况

阿尔卑斯山是欧洲最大的山脉，山区总面积为18.1万平方千米，跨法国、德国、奥地利、意大利等国，是欧洲重要的旅游资源。其中，瑞士阿尔卑斯山是阿尔卑斯山六国中“烙印”最深厚，全球游客公认的阿尔卑斯山最佳体验地。瑞士是个多山的国家，主要由汝拉山区和阿尔卑斯山区两大山区构成。阿尔卑斯山区生活着瑞士约11%的人口，该地区的平均高度为1700米，雪线位于2500米，48座山峰海拔超过4000米，冰川大约有1800多座。尽管瑞士林地总面积并不大，花草树木却举目皆是，有落叶树、山毛榉、苏格兰松、云杉、栗树等树木。栗树林只生长在阿尔卑斯山南部，植被保护良好。瑞士阿尔卑斯山地区构建了较为完善的全域旅游业度假体系，涵盖“食、住、行、游、购、娱”旅游业“六要素”及其相关延伸产业和配套产业，形成了品质优越、特色突出、门类齐全的“大度假产业体系”，推动了其可持续发展。

7.1.1.2 典型经验

①方便的交通网络：瑞士阿尔卑斯山地区拥有发达便捷的公共交通网络和多样化的“慢游”交通方式。瑞士阿尔卑斯山地区形成了铁路、公交、缆车、自行车、徒步、骑马等方式相结合的交通体系。由于阿尔卑斯山地形原因，其境内以铁路交通为主体，遍布全境，四通八达，在铁路沿线多数设有高等级公路，并拥有完善的车辆租赁和寄存服务，方便游客出行；在铁路难以到达的地方，公交车和缆车成为主要交通方式，从而构成无所不及的公共机动交通网络。同时设置专门的慢行路线，与机动车道相分隔，并在中间设置山体和植被，以提高沿途的观赏性。鼓励游客采取自行车、徒步、骑马等环保的交通方

式，开设湖泊、河流中的水上交通方式，水陆共同营造度假地“慢游”交通氛围。为了方便游客选择路线和交通，旅游和交通部门推出众多的“官方推荐线路”，根据路况进行难度分级，为游客选择提供参考。

②完善的城乡住宿服务体系：瑞士阿尔卑斯山地区具备十分完善的城乡度假住宿服务体系，类型多样，层次完善，特色鲜明。这些住宿设施合理分布在中心城市、城镇和旅游景点间，有面向家庭客人的度假公寓、面向青年人群的青年旅馆、面向商务客人的高端酒店等，能够满足各层次游客的需求。同时，住宿设施选用本地建材并结合传统山地建筑结构，通过外观和设置打造特色鲜明的本地化住宿场所，形成独一无二的“瑞士式”“阿尔卑斯式”的建筑风格。在住宿的设施配备上，对不同的客户需求进行研究，针对家庭客人、青年人、商务人士打造出不同消费能力和活动诉求的专属场所，有传统酒店、度假村、民宿等各种形态。

③发达的餐饮与康疗产业：瑞士阿尔卑斯山地区的餐饮业注重分级建设，既有米其林三星餐厅，也有地道的农庄家庭餐厅，德语区、法语区、意大利语区各具特色的饮食文化汇聚于此，让游客流连忘返；瑞士阿尔卑斯山地区依据瑞士发达的、系统的康疗产业优势，设置了许多高品质的康疗酒店，这些酒店多依托温泉而设，在其基础上进行升级，提供完善的康体服务，并针对性地发展美容产业，以便吸引更多的女性客人。

④独特的旅游活动：瑞士阿尔卑斯山地区的旅游活动以山地运动和生态观光最具特色，是全球此类活动的首选之地。夏季山地运动强调亲近自然，凸显“慢游”特色；冬季山地运动以雪上运动为主，设有 200 多个滑雪场；生态观光活动以优美的自然风光为依托，重点建设国家自然公园和动植物园，让游客感受生态之美。休闲旅游重视游客的体验性，让游客参与奶酪和巧克力制作，参与葡萄种植，在中世纪的老城里探索历史遗迹，在农场里体验田园牧歌。

⑤丰富的娱乐活动：瑞士阿尔卑斯山地区的娱乐活动以四季不断的传统民俗节庆为主，并为四季节庆谋划鲜明主题。为跟上现代时尚风潮的脚步，瑞士阿尔卑斯山地区还在各城镇和景区举办一系列的现代、古典音乐集会和运动、艺术表演，这些活动与传统民俗节庆活动相得益彰，共同构成本地区极富魅力的娱乐活动体系。

7.1.2 韩国济州岛地区

7.1.2.1 基本情况

济州岛是韩国最大的岛屿，位于韩国西南海域，面积 1845 平方千米，人口为 66.8 万人。济州岛属于海洋性气候。济州岛不仅具有海岛独特的美丽风光，还具有深厚的历史文化，有神话传说，有古耽罗王国特别的民俗文化。济州岛素有“韩国的夏威夷”的称号。济州岛是 120 万年前火山活动形成的岛屿，地质是由堆积岩层、玄武岩、火山暗流及因火山活动而形成的火山碎屑岩等构成，属于典型的熔岩洞窟地形，地貌奇特，风景优美。济州岛一直以“三多三无三丽”而闻名。“三多”指石多、风多、女人多。“三无”是指无小偷、无大门、无乞丐。“三丽”是指济州岛美丽的自然、民俗和传统工艺；也有说是指农作物、水产品和旅游三大资源；还指济州岛浓厚的人情味、美丽的自然和独特的土特产品。济州岛地理位置优势明显，距釜山 310 千米，距首尔 452 千米，距中国上海 499 千米，距日本大阪 989 千米，距中国香港地区 1030 千米。并且，济州国际机场作为韩国的五大机场之一，拥有通过其国内各地以及中国、日本等国的多条航线，交通便利。不仅如此，在济州岛有各类公交、水运、巴士、租车、轮渡等内部交通方式。韩国政府通过规划先行、保留自然生态、保护本土文化、积极实施营销等一系列措施，把济州岛打造成了国际生态旅游岛。

7.1.2.2 典型经验

①政策与规划先行：旅游业的发展离不开针对性的政策、完善的法律和规范的旅游规划。在韩国济州岛政府的主导下，济州岛编制了一系列法规与规划，成为济州岛旅游业发展的重要动力。

②生态环境保护为基础：生态环境的保护是旅游目的地发展的基础。2002 年，济州岛被指定为世界生物圈保护区。2007 年，济州火山岛与熔岩洞窟成为韩国第一个世界自然地产地。为了更好地保护环境，保留自然风光，济州岛规定禁止建造大型观光电梯或缆车等破坏环境的大型设施，禁止海洋养殖，禁止在休渔期从事渔业活动，从而确立生态环境保护在旅游发展中的重要地位，促进济州岛旅游业的发展。

③文旅紧密结合：文化是旅游的灵魂。济州岛具有悠久的历史，深厚的文化底蕴。岛上有人定居的历史可追溯到石器时代，岛上出土了大量的青铜器、铁器；另外，济州岛还是个“神话之岛”，神话故事广为流传。别具特色的还有古耽罗王国特别的民俗文化。济州岛深挖文化内涵，活化古老的文化，通过建设多元主体公园，举办各类文化艺术活动，深度挖掘文化内涵，文旅融合发展，将“石头爷爷”与“海女”等能够体现济州历史的文化元素，以及能够体现韩国特色的各类影视文化展现给世界，推动济州岛旅游业快速发展。

④积极举办各类活动：会议会展与赛事活动是旅游目的地吸引客源，提升影响力的重要途径。济州岛通过举办马拉松比赛、超级越野赛、高尔夫球赛等各类国际性的会议、会展和体育赛事来吸引游客，提升国际影响力。此外，济州岛还是一个庆典之岛，岛上一年四季会举行各种节日庆典活动，如春季的樱花节、油菜花节，夏季的国际铁人赛、采蕨菜比赛和海滨节，秋季的汉拿文化节，冬季的汉拿山雪花节，一年四季节庆不断，各具特色，让游客领略到济州岛的别样风情，提升旅游吸引力。

7.2 国内典型经验介绍

7.2.1 浙江省安吉县

7.2.1.1 基本情况

浙江省湖州市安吉县是长三角经济圈的几何中心，是杭州都市经济圈重要的西北节点，邻近上海、南京、杭州、苏州等城市，被誉为“都市后花园”，地理位置是安吉的主要优势之一。此外，安吉县有世界上散生、混生竹种最齐全的安吉竹博园，具有《卧虎藏龙》《像雾像雨又像风》外景拍摄地中国大竹海；安吉是近代艺术大师吴昌硕的故乡，被誉为“昌硕文化之乡”；县内灵芝塔、奉宪禁碑、独松关、安城古城墙、运鸿塔、古城遗址等古迹均有源远历史。但安吉作为中国“十大竹乡”之首，缺少高能级旅游资源，旅游资源的竞争比较优势还不够突出，环境污染较为严重，这成为制约安吉旅游发展的主要因素。

自2005年习近平总书记在安吉发表“两山”理论以来，安吉县在这一思想的指导下，积极进行环境改善，开展美丽乡村建设，成功入选首批国家全域旅游示范区，也吸引着越来越多的游客，旅游业取得突飞猛进的发展。近年来，安吉县围绕休闲度假主题，成功打响“中国亲子旅游第一县”“国际乡村生活示范地”两大品牌，先后荣获“全国首个生态县”“全国首个休闲农业与乡村旅游示范县”“国家乡村旅游度假实验区”“中国竹乡”“中国白茶之乡”等荣誉，安吉县旅游整体形象得到全面提升，旅游目的地建设不断加快。2017年安吉县共接待国内外游客2237.5万人次，旅游业总收入为282.7亿元；2018年安吉县累计接待游客2304.5万人次，旅游总收入为324.7亿元；2019年安吉县接待国内外游客2807.4万人次，旅游业总收入为388.24亿元。总体来看，近年来安吉县的旅游接待人数整体呈上升趋势（如图7-1所示）。

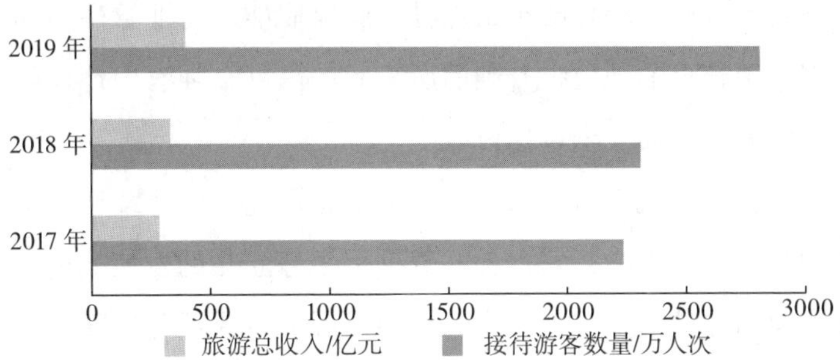

图 7－1　2017—2019 年浙江省安吉县旅游统计

7.2.1.2　典型经验

①景区：全域化建设。景区是安吉县旅游发展的核心元素，景区的打造与提升是实现全域化的关键，对于早期传统的景区，不断提升其新的业态与功能，建造 4A 级乡域浪漫山川景区、Hello Kitty 天使乐园、山水灵峰农业园等一批新型景区，在创新满足游客体验的基础上更进一步。安吉县运营的景区基本上实现全域覆盖，且均具有较强的竞争力与发展力。旅游景区的建设离不开旅游服务配套设施的完善。目前，安吉县拥有 7 个国家 4A 级旅游景区，2 个高山滑雪场，1 个通用航空机场，有悦榕庄、地中海俱乐部、JW 万豪、阿丽拉、温德姆等一批国际一线品牌酒店，还拥有许多特色农家乐和乡村精品度假酒店。

②产业：全域化融合。安吉县实施“旅游＋”和“＋旅游”双重产业融合策略，形成了乌毡帽酒业、惊雷笋业、祖名豆制品等一批特色工业旅游产品。政策方面通过鼓励新业态培育，促进产业融合，在农业、林业、健康产业、航空运输业、文化创意产业、运动体育业等诸多产业上形成浓厚的休闲旅游氛围，在产品端打造产旅融合核心吸引力、在配套端完善产旅融合支撑性功能建设、在运营端保障产旅融合贯彻落实，通过产品端、配套端、运营端的互联互动，建构产旅融合的生态链，充分发挥旅游的带动引擎作用，推动全产业的升级。

③体制：全域化统筹。2009 年安吉县成立旅游发展委员会，同年

成为浙江省首批旅游综合改革试点县，政府职能从行业管理转向产业推进，将旅游管理的地位提升到前所未有的高度，强有力地保障了安吉县旅游发展的全面、全域建设。

④环境：全域化营造。第一，立足生态环境，可持续性是全域旅游发展的基本衡量指标。安吉县一直秉承生态立县的发展战略，将全域生态环境的保护与乡村美化作为社会发展的重要任务，安吉县也是习近平总书记“两山”理论的发源地，更是践行“两山”理论的示范区。通过建设，安吉县荣获全国首个“国家生态县”、全国首个县级“中国人居环境奖”、“中国美丽乡村国家级标准示范县”等称号。安吉县把全县当作一个大乡村来规划，把一个村当作一个景来设计，把一户人家当作一个小品来改造，致力于推进环境、空间、产业和文明相互支撑，一二三产业整体联动，城乡一体有机链接，力求全县美丽、全县发展。第二，改善服务环境，主客共享、居游无界的公共服务体系是全域旅游发展的重要保障。通过公共服务体系的建设，以及《浙江安吉县旅游公共服务体系专项规划》的编制，安吉县力求实现打造主客共享、居游无界的旅游生活环境的目标，创新旅游公共服务建设理念，推进智慧化、市场化、产品化、体系化的旅游公共服务建设。

7.2.2 浙江省德清县

7.2.2.1 基本情况

德清县位于长江三角洲杭嘉湖平原西部，东望上海，南接杭州，北靠环太湖经济圈，西枕天目山麓，地理区位优势十分突出，距离上海、苏州、宁波等中心城市均在160千米以内，是杭州都市区的重要组成部分。德清县有近1800年的建县历史，县域内保留着一大批历史文化遗迹。德清县内的旅游资源种类与数量较多，其中国家级风景名胜区莫干山在德清众多旅游资源中等级与知名度都是最高的。莫干山是国家4A级旅游景区、国家森林公园、国家级风景名胜区、中国四大避暑胜地之一，是人文与自然旅游资源兼具的旅游地。2007 年后，莫干山独特的国际建筑风格，让“洋家乐”成了莫干山的代名词，出现了一批由专业设计师和建筑师打造的“洋气”民居，吸引着大量国内外游客前来体验。

2018 年，德清县位列中国县域旅游竞争力百强县市 15 名；2019 年，德清县入选第三批国家生态文明示范县；2019 年通过“浙江省全域旅游示范县（市、区）”考核验收，成为浙江省首批全域旅游示范县，全域旅游进入新时代，旅游收入得到急速增长。德清县的旅游业发展以莫干山旅游景区及其周边的民宿发展为代表，打出品牌名气，带动整个县域旅游发展。2017 年德清县共接待国内外游客 1978.1 万人次，旅游业总收入为 215.8 亿元；2018 年德清县累计接待游客 1960.8 万人次，旅游总收入为 260.2 亿元；2019 年德清县接待国内外游客 2210.6 万人次，旅游业总收入为 314.98 亿元（如图 7－2 所示）。

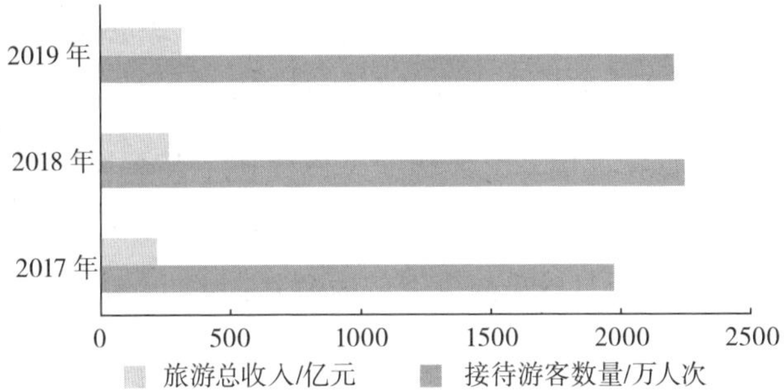

图 7－2　2017—2019 年浙江省德清县旅游统计

7.2.2.2　典型经验

①以莫干山民宿发展为龙头，发展旅游品牌。莫干山的民宿发展可分为三个阶段。第一个阶段为 2004—2010 年：初期阶段。这一时期民宿投资体量较小，投资动机源于私人行为，非专业商业运作。第二个阶段为 2011—2014 年：成长阶段。这一时期国际投资数量增加，投资动机源于专业民宿企业，形成专业商业运作。第三个阶段为 2015

年至今：成熟阶段。这一阶段政府颁布《乡村民宿服务质量等级划分与评定》，将莫干山民宿划分为标准民宿、优品民宿、精品民宿三个等级，民宿投资体量增大，得到政府规范化管理。德清县民宿的发展创下了多个“第一”，制定了国内首个民宿地方标准，出台了全国首部地方民宿管理办法，开办了首家民宿学院，成为全国首批乡村旅游创客示范基地，成为全国首个服务类生态原产地保护产品，参与起草民宿国家标准。莫干山民宿业的发展打响了德清县的旅游名气，在此龙头品牌的带领下，全域旅游全面发展。

②坚持文旅融合，促进绿色发展。莫干山是中国四大避暑胜地之一，吸引了大批外国人建造别墅，形成了建筑风格国际化、度假胜地、森林文化的显著特色，因此民宿业在发展过程中要大力凸显国际化、森林文化的特色，突出中西文化的融合，宣传生态文化知识，建设休闲度假胜地，将文化与旅游深度融合。莫干山民宿产业讲究就地取材、变废为宝、低碳环保的理念。门前设有蓄水池承接雨水，可循环使用，并建有化粪池，处理各类生活用水，垃圾必须要进行分类。如裸心谷成为国内首个荣获建筑行业最高荣誉——能源与环境设计先锋（LEED）绿色建筑铂金级认证的度假酒店，并被美国有限电视新闻网（CNN）评为“中国最好的九大观景酒店”之一。

③德清县通过项目建设激发全域旅游新动能。德清县莫干山民宿的发展以“洋家乐”为始点，吸引了大量的国际投资，通过进一步加大招商引资，吸引着更多的资本投入。目前德清县通过吸引投资，已建成了裸心谷、裸心堡、法国山居、久祺雷迪森庄园、Discovery 探索极限基地、下渚湖度假村、芝麻谷等一批深受市场欢迎的高端休闲度假项目，尚有悦榕庄、青马部落等重点在建项目。这些高端休闲度假项目，也带动了建筑设计、文化创意、运动休闲、现代农业、养生度假等产业的发展，产业带动效应显著。通过重点项目的吸引，德清县形成了以民宿产业为中心的旅游产业链，产生产业聚集效应，如图 7 - 3 所示。

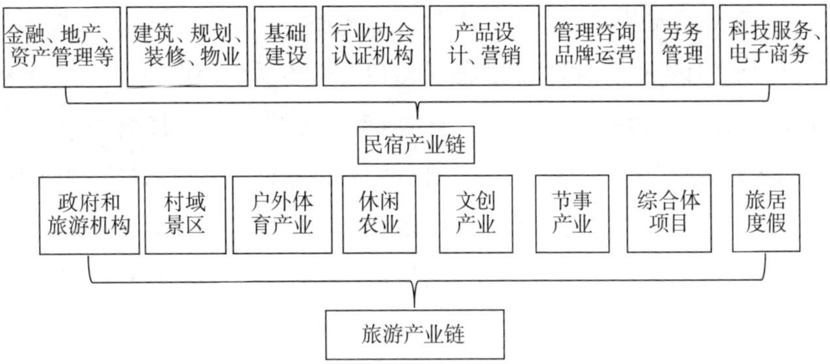

图7－3 莫干山民宿产业链和旅游产业链

④争创“国字号”旅游品牌，提升旅游行业品质。2018 年，依托名山、湿地、古镇三大平台，紧紧围绕创建国家级全域旅游示范县和打造中国国际乡村度假旅游目的地的目标，莫干山国际旅游度假区争创国家级度假区，下渚湖景区创建国家 5A 级旅游景区，借助三大旅游特色争创“国字号”旅游品牌，提升旅游行业品质。

7.2.3 陕西省华阴市

7.2.3.1 基本情况

陕西省华阴市地处关中平原东部、秦晋豫黄河“金三角”核心地带，南依秦岭，北邻黄渭，东临潼关，西望长安，是国家 5A 级风景名胜区——西岳华山所在地，华山享有“奇险天下第一山”之誉，是中华文明的发祥地，“中华”和“华夏”之“华”就源于华山，有“华夏之根”之称，是陕西省地标性景区，是陕西省东线的核心产品，具有不可超越的先天文化资源优势。华阴市交通便利，连霍高速穿境而过，距离西安仅 30 分钟车程，每天东去西出的高铁有 80 多个班次在华山北站停靠，距离西安咸阳机场 1 小时车程。尽管华山景区享誉中外，具有先天的文化资源优势，但是也存在着山上游客如流，却始于华山、止于华山，山下很难留住客人的问题，导致华阴市旅游经济发展差强人意。

2016 年 2 月，华阴市被列入首批国家全域旅游示范区创建单位。

自创建工作开展以来，华阴市坚持以全域旅游为统揽，围绕大华山旅游目的地建设，紧扣做优做强旅游城市、做精做大旅游景区、做美做特乡村旅游、做好做足服务环境四项重点工作，全面打响“山水圣地、魅力华阴”全域旅游品牌，加快旅游供给侧结构性改革，山上山下统一规划布局，推进产城融合、优化公共服务、创新综合管理、实施系统营销，推动旅游业从单一景点景区建设向综合目的地服务转变。华阴市荣获“中国秋千文化之乡”“园林城市和森林城市”“陕西省首批旅游示范市”等称号，是国家首批全域旅游示范区和陕西省唯一一家全国旅游标准化示范市创建单位，旅游人数增多，旅游经济快速增长。2017 年华阴市共接待国内外游客 986 万人次，旅游业总收入 86.3 亿元；2018 年华阴市累计接待游客 1136.9 万人次，旅游综合收入 92.04 亿元；2019 年华阴市接待国内外游客 1193.8 万人次，旅游业总收入 95.6 亿元（如图 7－4 所示）。

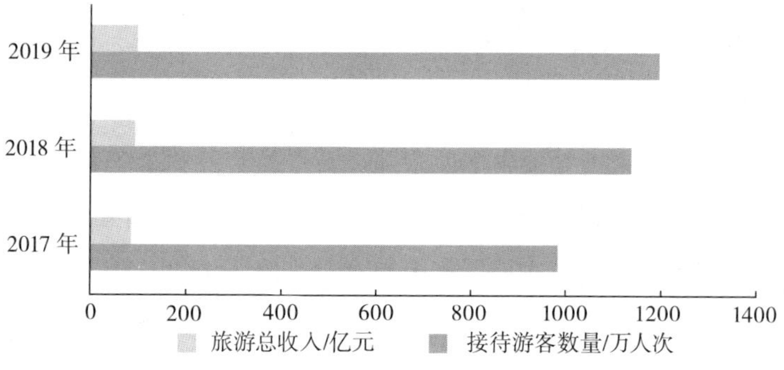

图 7－4　2017—2019 年陕西省华阴市旅游统计

7.2.3.2　典型经验

①景城一体化建设，树立现代化大华山旅游目的地新形象。华阴市以“围绕旅游、融入旅游、服务旅游”的准确定位，从顶层谋划设计华阴（华山）旅游发展蓝图，坚持以华山景区为龙头，按照“依托华山，但不依靠华山”的思路，以破解“山下留客”“瓶颈”为重点，全面加强旅游景区景点开发，聚力把华阴市打造成“大华山”观

光休闲的承载区和旅游消费的聚集区。依托市内不同区域的资源特色，按照“旅游统领，多规合一”的原则，全市规划为中心文化休闲产业区、东部生态经济林区、西部循环经济工业园区、南部山地生态旅游区、北部水上观光与现代农业休闲旅游区“五大片区”；新景区倍增，先后建成运营了仙峪、清心温泉、华山国际滑雪场、城市文化公园等景点，规划建设了魏长城遗址、华山冰雪仙境乐园等多个涉旅项目，旅游产品不断丰富，形成以华岳路为中心线，连接华山景区和中心城区这条主轴的名副其实的旅游景观大道，从过去的华山景区一个点延伸为一个山城相连的大型旅游山岳板块，极大地拉长了华山旅游的体量。

②产城一体化发展，打造集约化大华山旅游区新型经济体系。为满足游客多样化旅游需求，华阴市以深度发挥旅游经济带动作用为宗旨，积极推动旅游业与相关产业的实质性融合，发展旅游新业态，实现“旅游+”联动发展。相关部门分别出台“旅游+交通”“旅游+林业”“旅游+文化”“旅游+城镇化”“旅游+农业”“旅游+经贸”“旅游+健康”等新业态融合发展实施意见。华阴市地热温泉资源丰富，早在2007年就建设有华山御温泉景区，后面又陆续建成有华山医养中心、休闲养生院等养生项目，康养产品受到越来越多游客的赞誉。华阴市文化资源丰富，知名的有道教文化、名人文化、非遗文化等，通过策划大活动、推动常态化演出、扩大宣传影响等方式，华阴市将地方文化与旅游深度结合，取得良好成效。如建设华阴老腔大戏院，专门为游客演出，与著名歌手谭维维合作，将传统戏曲与现代演绎完美融合，唱红全国，让这个古老传统地方戏活化起来。如今，华阴老腔已经成为华山文化旅游的一张金名片，也走出了一条旅游助力非物质文化遗产传承的经验之路。华阴市充分发挥全市资源特色，本着错位发展的原则培育旅游消费新增长点，重点打造“温泉养生、乡村生态、运动休闲、文旅融合”等主题旅游产品，推动“旅游+”新业态融合发展，形成集约化大华山旅游区新型经济体系。

③山上山下一体化服务，构建品质化旅游综合服务环境。在全域旅游发展思路下，华阴市把城区作为华山景区的综合服务功能区来打造，高标准完善“吃、住、行、游、购、娱”旅游要素，着力为游客提供山上山下一体化优质服务。近年来，华阴市着力从交通建设入手，大力提升旅游基础设施建设，按照风景道路的要求新建滨河大道、东环路、南环路等道路，改造提升华岳路、太华路等道路，建设文化通道、景观通道，完善交通网络，形成了“四纵四横一环”的路网骨架。各条道路高标准实施亮化、绿化、美化工程，设置完善的公共信息标识系统，让道路成为风景线。同时，开通了核心景区与周边村镇的旅游专线，在渭南市率先开通了免费公交，在全省率先建成华山自驾露营基地。此外，“厕所革命”启动以来，华阴市先后建成了69个旅游厕所，实现了旅游公厕景区城区全覆盖。

④山、城一体化营销，塑造大华山旅游国际化品牌。通过打造“沃土荔人”“华阴老腔”及相声品牌“渭曲社”等系列文化旅游产品，举办“品质立游强旅（渭南）论坛”、讲解员大赛等系列活动。通过多渠道、多平台营销推介，大格局开展节庆活动、全方位强化旅游推介、多层次丰富宣传手段，提升渭南旅游品牌影响力。为做大华山旅游知名度和影响力，华阴市先后成功举办了华山论道、秦岭论坛、“华山论剑”国际围棋大赛、中华五岳联盟年会、桃花文化旅游节、秋千文化艺术节等多场节庆活动，每年连续性打造节庆品牌，日益形成影响力。同时借助新兴媒体，推进“互联网+”旅游计划，开发华山旅游App，改版提升了华阴市旅游官网、官方微博和山水华阴微信公众平台等，通过旅游大数据分析游客消费偏好、流向等，从而提高华阴市旅游宣传营销的精准度、现代感和亲和力。

⑤智慧旅游建设，助力科学管理和高效服务。华阴市通过建设智慧旅游数据中心，建立旅游投诉平台，健全信息查询、旅游投诉和旅游救援信息化服务体系，分析旅游大数据，为华山旅游提供了科学的数据支撑，为山岳型景区的安全管理探索出具有借鉴意义的成功经

验。华山自古一条路，以险著称，在2012年和2016年华山景区都出现过游客滞留现象，因此华山旅游游客的安全问题、流量问题成为重要问题。为此，2016年华阴市建成旅游咨询服务中心暨智慧旅游数据中心，可以对全市3A级以上景区进行视频监测和客流量检测，还可将景区、公安、交通、气象、统计、扶贫等数据进行全部接入，实现了数据共享、智慧管理，为游客提供全方位优质服务，从而开展科学管理和高效服务。

7.2.4 陕西省韩城市

7.2.4.1 基本情况

韩城市坐落于黄河之滨，地处陕西东北部、秦晋交会处，有3000多年历史，总面积为1621平方千米，人口为50多万人，地理特色为“七山一水二分田”，工业发展基础及农业种植优势显著，工业有钢铁，矿产有煤炭，农业有花椒，资源丰富是韩城市的显著优势。但是随着国内煤炭价格的急剧下滑，加之环境原因，韩城市经济遭遇了前所未有的重创。作为单一性资源较为严重的城市，韩城市受资源条件约束的问题长期存在，尤其是随着国内煤炭价格的急剧下滑，经济发展面临巨大压力，产能过剩、产业结构单一成为制约韩城市经济发展的主要因素。为寻找新的经济增长点，韩城市大力发展全域旅游。2017年韩城市接待游客1200万人次，旅游综合收入达到55亿元，打响了“史记韩城·黄河特区”品牌，从“景区旅游”全面迈入“全域旅游”时代。2018年来韩城市游客达到1495.72万人次、旅游收入为65.98亿元，游客数量和综合收入七年翻了五倍之多，年增长率达40%以上。韩城市旅游产业化茧成蝶，迸发出前所未有的活力，韩城市以崭新的形象入围央视“魅力中国城”竞选，荣膺16强，游客数量快速增长，旅游竞争力大幅提升。“全域化旅游、全方位崛起”模式被誉为“韩城奇迹”。坚持“全域旅游”理念，是韩城市发展崛起的总抓手，在工业转型升级、逆势突围的过程中，韩城市以“旅游”

标准贯穿始终，用旅游这根红线将韩城市的各领域、各层面、城市乡村、三大产业串联起来，真正把旅游做到极致，“放眼韩城皆旅游”。

7.2.4.2　典型经验

①创新机制，打造生态景区。韩城市坚持用生态景区的理念建设城市，通过农村环境综合整治、乡村道路硬化、农村民居美化、生态村建设、面源污染治理、建设游园广场，美化农村民居，清洁村庄、家园和田园，实现了生态镇全覆盖，促进了乡村旅游的快速发展；推进全域园林绿化，高标准建设宽幅林带，加快道路景观化、城镇绿荫化、城市园林化进程，形成全市一体化生态大景区格局；做大“水”的文章，“引黄入城济濠”，建设六大生态湖，进行濠河生态治理，建成城市南北的百里长廊景观水系，打造“西部水乡”，形成“人在旅途，处处是景点、路路是景观”的亮丽风景。

②加大投入，打造旅游精品。韩城市是黄河旅游带上的重要城市，拥有丰富的旅游资源。韩城市以韩城古城、司马迁祠、党家村、普照寺、梁带村、大禹庙六大景区为核心，重点打造十大旅游产品，塑造旅游精品，加快建设特色鲜明的全国知名旅游目的地。韩城市以司马迁景区为文化旅游发展的龙头，打造5A级旅游景区，修建国家文史公园，将人文体验与自然生态相融相汇，让游客在休闲中感悟历史。韩城古城按照“南乌镇、北韩城”的总体思路，对文渊阁酒店、隍庙古街南片区、吉家祠堂进行修复，对金城客栈、古城饮食街等老地方进行重新装饰，建设新天地商业综合体、古城中心广场等项目，盘活资源，提高竞争力，让明清古城景区成为韩城市文化旅游发展的核心力量。

③加大改革，产业融合发展。改革落后产能与传统工业，自2015年开始，韩城市陆续关停污染企业28家、焦炉生产线37条，一举砍掉钢铁、煤炭和建材等高污染、高能耗产业40%的产能，把发展精细化工、清洁化工作为延长产业链和增强竞争力的方向，改善韩城市生态环境。韩城市龙钢集团以“旅游+工业”的景区建设新模式，成为

新的城市“后花园”。韩城市农业也正以科技为抓手，走上新型农业现代化、产业化、“旅游+农业”的发展道路。

④全面创新，文旅品牌飞速发展。韩城市将文化旅游开发作为转型发展的突破口和切入点，树立全域旅游理念，努力创建“史记韩城·黄河特区”旅游品牌，积极挖掘文化内涵，通过文旅融合发展，促进旅游业提质增效、转型升级发展。韩城市通过“旅游+演艺”的方式让世界了解韩城，创新儿童剧、民俗剧、历史剧和实景剧等文化艺术展演，不断推出具有国际范儿的文化演艺及艺术作品，让世界了解这座文史之城、故事之城、匠心之城。

⑤全面营销，打造服务品牌。韩城市通过举办旅游盛会、大型实景演出、微电影等方式全面叫响“史记韩城·黄河特区”旅游品牌。在旅游业发展的过程中，充分重视“吃、住、行、游、购、娱”旅游六大要素建设，延伸产业链，让游客充分享受“吃在韩城、购在韩城、玩在韩城”的全新体验。

⑥不拘一格“引智迎才”。2015 年 8 月韩城市从天津市引进特殊人才胡凤林（中国微电影产业化创始人），其为现任韩城市新兴产业基地总经理。2016 年 7 月，首批 29 名景德镇陶瓷大学专业技术人才，被韩城作为专业人才引进到腾龙陶瓷工业园区。2016 年年初，韩城市与景德镇陶瓷大学签署了推进韩城陶瓷产业战略合作框架协议。韩城市重金引进陶瓷专家万锦标，建成了韩城腾龙陶瓷公司，成为韩城市发展循环经济的样板企业。

7.2.5 河南省栾川县

7.2.5.1 基本情况

栾川县位于河南省西部，洛阳市西南角。东与嵩县毗邻，西与卢氏接壤，南与西峡抵足，北与洛宁摩肩，素有“洛阳后花园”和“洛阳南大门”的美誉。栾川县过去是著名的贫困县，自 2000 年，栾川县提出“生态立县，旅游强县”，把旅游上升到了战略高度。栾川县探索出了一条依托森林旅游发展带动山区群众脱贫致富的成功路径，被业界称为“栾川模式”。栾川县独具特色的气候条件和地理环境造就了栾川县丰富的自然资源，据统计，栾川的森林面积为1310.67平方千米，森林覆盖率高达82.4%，位居河南省各县（市）第一，有“中原肺叶”的称谓。栾川县良好的生态环境和独特的山水风景使得旅游业迅速发展，目前拥有2个5A级景区，7个4A级旅游景区，一个县城拥有这么多数量的高级别景区，这在全国都罕见。同时，栾川县也是国家首批17个“中国旅游强县”之一。近年来，栾川县政府积极引导并大力发展乡村旅游，将“生态立县”作为乡村旅游、经济高质量发展的战略基础，积极落实全域旅游发展理念，从而达到“旅游富县”的目的，最终实现乡村全面振兴。2019年，全县接待游客1638万人次，实现旅游收入96.3亿元，直接带动1.3万余名贫困群众脱贫致富，并荣获河南省“全域旅游示范区”“文化旅游融合消费示范县”称号，2020年成为第二批国家全域旅游示范区。

7.2.5.2　典型经验

①政府科学规划引导：自“栾川模式”至“全景栾川”，栾川县乡村旅游的发展离不开政府的大力支持。当全域旅游发展理念提出以后，栾川县政府积极响应，这对栾川县乡村旅游发展起到了一定程度的引领和支持作用。政府科学规划主要体现在：一是政府对乡村旅游进行“全方位”规划。二是政府加强对乡村旅游的鼓励扶持，积极引导乡村旅游的发展，不断完善扶持政策，最大限度对发展乡村旅游相关产业的农民进行不同规模、不同程度的经济补贴，调动农民的积极性。栾川县对重要的乡村旅游建设项目、农家乐、宾馆、旅行社、饭店、旅舍等给予财税支持，增加乡村旅游专项扶持资金，针对不同规模、不同体系发放专项特定的扶持资金，解决个体经营户经营借贷困难的问题，确保乡村旅游的发展速度。三是栾川县政府重视乡村旅游的宣传推广。栾川县旅游企业以及县级单位每年在全国多个城市举办上百场的旅游推介会，采用捆绑促销宣传手段，对景区的资金、宣传

活动、人员、旅行社实行统一联合模式，要求人员联合行动，资金统一使用，打响栾川县生态旅游宣传口号，进一步扩大栾川县旅游品牌效应。

②完善基础设施建设：乡村旅游基础设施是游客顺利开展乡村旅游活动的前提条件，也是承载乡村旅游业是否可以良性可持续发展的关键之处。栾川县大力发展旅游业的首要步骤是完善道路交通建设。截至 2019 年，栾川县拥有三条国道和三条省道，总长 297.834 千米，农村公路总里程达 1650 千米。栾川县旅游资源丰富，各景区较为集中，为了进一步方便游客游览，栾川县通过完善城市与旅游景区的交通线路，重视景区与景区之间的环线串联程度，增设核心景区景点的标牌标识，提高景区的可通行度，扩建停车场，进行“厕所革命”，为游客创建便捷的出行条件。

③强化生态文明建设：栾川县是国家生态文明建设示范县，生态可持续发展是必须坚持和遵守的，这是世间万物得以生存和发展的基础。栾川县乡村旅游的发展依赖其得天独厚的自然资源，生态环境保护对栾川县来说至关重要。近年来，栾川县依托自然资源、生态环境优势，推进绿色转型，对工矿产业进行绿色化改造，并举全县之力发展生态旅游、生态农业等生态产业，基本实现了“产业生态化、生态产业化”目标。栾川县把全县分为矿产资源开发区和生态旅游资源保护区，严格实施生态修复工程和绿色企业创建工作，实施工业绿色化改造，实现减排效益最大化；发展循环经济，促使矿业经济效益最大化。在生态旅游资源保护区，针对当地居民以及游客，加强环保意识教育。在资源开发过程中，把生态环境保护摆在首位，把旅游开发对环境的破坏程度降到最低，使栾川县成为一个宜居且宜游的旅游胜地。

④全县动员促发展：生态环境变好了，旅游吸引力大幅提升。栾川县充分调动人民的积极性，让全县老百姓都参与到旅游的发展中，让旅游发展带来的好处惠及全县人民，带动千家万户脱贫致富。每到旅游旺季，全县各部门人员都“动起来”，到各景点服务，到高速公

路口为远道而来的游客服务。为了促进旅游事业发展，栾川县在全国第一个实行“高速公路免收通行费”措施，县财政每年为此项要补贴2000多万元，这一措施成功吸引了大量的游客前来休闲度假。

⑤产业融合发展：栾川县重视一二三产业的融合发展。这里的典范景区是重渡沟风景区。该景区在发展乡村旅游的过程中充分发挥了当地的特色，在将农业融入乡村旅游的发展过程中，形成了草莓和樱桃采摘园，在游客旅游的同时不仅有景观可以参观还能够亲身体验采摘的乐趣，在发展旅游业的同时也促进了种植业的发展。栾川县还将旅游业与娱乐业相结合，在伏牛山开办了滑雪场，被誉为“中原第一滑雪场”，并引入高尔夫等相关旅游项目，丰富了人们的旅行产品。通过这些娱乐项目的体验使游客暂时忘记生活的烦恼和工作的压力，放松身心，体验到融入乡村旅游的快乐。此外，栾川县还将一些矿产类资源与发展旅游业相结合，形成了可供游客参观的特色工业观光游览区，在促进旅游业发展的同时也促进了乡村地区工业的发展。

7.3 典型经验借鉴

7.3.1 结合发展条件，选择特色发展模式

目前全域旅游在全国多个地方已经得以实践，通过分析典型试点发现，国内全域旅游代表性的发展模式有：

（1）龙头景区引导型的全域旅游：龙头景区引导型的全域旅游发展要求区域内要有龙头景区，有知名度较高、特色明显的景区资源。在此基础上依托龙头景区作为吸引核和动力源，按照发展全域旅游的要求，围绕龙头景区部署基础设施和公共服务设施，围绕龙头景区配置旅游产品和景区，调整各部门服务旅游产业，进一步优化环境，推进“景城一体化发展”。以龙头景区带动地方旅游业一体化发展，以龙头景区推动旅游业与相关产业融合，以龙头景区带动地方经济社会发展。其典型代表：四川都江堰、陕西华阴市。

（2）全域景区发展型：把整个区域看作一个大景区来规划、建设、管理和营销。按照全地域覆盖、全资源整合、全领域互动、全社会参与的原则，深入开展全域旅游建设，推进旅游城镇、旅游村落、风景庭院、风景园区、风景厂矿、风景道等建设，实现“处处是景、时时见景”的城乡旅游风貌。其典型代表：宁夏中卫、浙江安吉等地。

（3）特色资源驱动型：以区域内普遍存在的高品质自然及人文旅游资源为基础，以特色鲜明的民族、民俗文化为灵魂，以旅游综合开发为路径，推动自然资源与民族文化资源相结合，与大众健康、文化、科技、体育等相关产业共生共荣，谋划一批健康养生、避暑休闲、度假疗养、山地体育、汽车露营等旅游新业态，带动区域旅游业发展，形成特色旅游目的地。其典型代表：重庆武隆等。

（4）美丽乡村建设主导型：以美丽乡村建设为主导，在美丽乡村建设中，强化全局战略思维，把全县当作一个大乡村来规划，致力于推进环境、空间、产业和文明相互支撑，一二三产业整体联动，城乡一体有机链接，力求全区域发展。其典型代表：浙江安吉等地。

综上所述，全域旅游发展已经成为推动县域经济发展的助推器，各地区要依据自身资源、产业、市场情况，选择合适的发展模式和路径，推动经济社会发展。

蓝田县位于陕西省关中平原东南部，距西安市区约 22 千米，属西安市郊县。蓝田自古为秦楚大道，是关中通往东南诸省的要道之一，秦岭蓝田段风光旖旎，山川秀美。此外，蓝田是华夏文明最早的萌发地之一，早在距今约 115 万年前的远古时期，“蓝田猿人”就在这里繁衍生息，是蓝田猿人的发祥地。蓝田县历史文化悠久，文化底蕴深厚。整体上，蓝田县资源富集，文脉深远，但是县域内缺乏 5A 级旅游景区，缺乏显著的“旅游 IP”。因此蓝田县应该选择全域景区发展型和美丽乡村建设主导型的全域旅游发展模式。在全域旅游发展过程中，要突出的主要关键点有：①全域旅游的发展需要协调统筹地区资源，进行顶层设计与规划。政府重视是发展全域旅游的关键。②著名景区是区域内积聚游客的吸引物，必须牢牢抓住景区现有优势资源，打造品牌景区，提升景区各类设施。品牌景区的引领是发展全域旅游的核心。③乡村作为区域内占地面积最大的部分，自然风光、民俗民居、历史文化等旅游资源丰富。乡村是发展全域旅游的重点。④文化旅游开发作为全域转型发展的突破口和切入点，文旅融合是提质增效、稳定增长、转型升级的关键点。⑤饭店民宿、旅游交通、旅游标识、景区厕所、停车场等相关旅游设施建设是全域旅游发展情况最基本的部分。⑥立足生态环境，可持续性发展对于一个旅游目的地的发展至关重要。生态环境保护是全域旅游发展的基本衡量指标。⑦通过电视媒体、网络微信、节庆活动等营销方式提升区域知名度，打造知名品牌，吸引更多的游客。营销推广是发展全域旅游的有力手段。

7.3.2　构建“旅游+”模式的全域旅游格局

借鉴国内外全域旅游典型经验，结合实际，蓝田县应形成“生态建设+产业融合+乡村振兴”的建设思路，构建“旅游+”模式的全域旅游格局，打造集旅游、美食、美玉、园区、物流、康养一体化、“一站式”的“旅游+”模式体验平台，优先发展以生态、文化、健康为核心的旅游产业，构建全域化旅游服务体系，完善基础设施建设，创建优质高效服务，丰富多元旅游业态，打造极具竞争力的旅游品牌，最终将蓝田县打造成国家全域旅游示范区，国家旅游休闲度假示范区，一流人文体验与生态康养旅游目的地。

7.3.3　实施全方位全域旅游战略引导

（1）体制改革。全域旅游的发展需要协调统筹地区资源，进行顶层设计与规划，领导重视、体制改革是发展全域旅游的关键。蓝田县以国家《全域旅游示范区创建验收标准》为指向，以体制机制改革创新为抓手，以理顺蓝田全域旅游发展机制为目标。在党委、政府层面，创新发展旅游市场综合监管的模式，加快旅游统计制度和旅游用地制度改革。

（2）文化驱动。文化旅游开发是全域旅游发展的突破口和切入点，是提质增效、稳定增长、转型升级的关键点。可依托蓝田县独有的历史文化，打造具有市场垄断性的文化旅游名县，突出蓝田历史主线，深挖蓝田历史内涵，打造特色文化旅游品牌，增强蓝田县旅游市场竞争力。

（3）格局重构。蓝田县旅游资源富集，景点分布广，数量较多，通过实施大格局重构，建设全域旅游发展空间格局，形成“点、线、面”相互关联、共同作用的发展模式，致力于打造“县域全景、特色全县、众业共进、全民共富”的新型旅游发展格局。转变旅游发展方式，从重旅游硬件建设向硬件与软件并重转变，从重旅游数量增长向重视质量提升转变。

（4）产业融合。蓝田县应实施“旅游+”产业融合策略，通过出台鼓励政策，促进产业融合，进一步促进农业、工业、林业、健康产业、文化创意产业、运动体育业、航空运输业、服务业等诸多产业共同发展，在产品端打造产旅融合核心吸引力，在配套端完善产旅融合支撑性功能建设，在运营端保障产旅融合贯彻落实，通过产品端、配套端、运营端的互联互动，建构产旅融合的生态链，充分发挥旅游的带动引擎作用，推动全产业的升级。

（5）生态建设。立足生态环境，可持续性是全域旅游发展的基本衡量指标。蓝田县2019年被评为“中国天然氧吧”，生态环境较好。蓝田县可将创建“绿水青山就是金山银山”实践创新基地作为目标，重视美丽乡村建设，生态环境改善，重视“两山”理论的实践，将绿水青山转化为金山银山，将生态旅游与农业、林业、海洋、文化等相关产业和行业融合发展，延伸生态旅游产业链。

（6）乡村振兴。乡村作为县域内占地面积最大的部分，自然风光、民俗民居、历史文化等旅游资源丰富，是发展全域旅游的重点。在建设蓝田全域化旅游产业过程中，要把解决区内居民拆迁安置、正常生产生活放在首位，并充分调动周边居民参与旅游的积极性，投身于旅游项目建设、旅游管理和服务，缓解就业压力，提高经济收入，实现城乡统筹，缩小城乡差距，使发展全域化旅游成为提高城乡基础设施、增加城乡居民收入、改善民生的增长点，真正实现旅游富民、旅游惠民。

（7）旅游脱贫。扎实推进脱贫攻坚，巩固脱贫成果，保障全面建成小康社会是未来蓝田县需要解决的重要工作。通过发展全域旅游，把贫困村、贫困户纳入旅游产业发展格局。通过旅游基础设施建设和旅游项目布局向贫困村倾斜，加快改变落后面貌，为贫困村开展农家乐、休闲农业等旅游项目创造条件。通过产业技能培训、扶持政策和贴息贷款等多种措施，调动贫困群众积极性，让他们参与到旅游经营、旅游服务和旅游产品生产中来，切实提高群众收入，实现旅游脱贫的目标。

（8）健康塑造。新冠疫情后区域经济发展应该更加重视健康产业的塑造。蓝田县应依托良好的自然山水资源和丰富的养生资源，坚持“大健康+四化（生态化、信息化、现代化、新型城镇化）”发展战略，以健康服务业和养老服务业为突破口，重点打造汤峪温泉养生养老、水陆庵佛文化养生、王顺山森林氧吧等健康休闲产业项目，建立多层次、全方位的大健康产业体系，开创“医、护、养一体化”新型服务模式，将蓝田县打造成为西北地区首个以传统文化为引领，以养老、养生为重点，以中华传统养生哲学为精神，以秦岭田园风光为氛围的国家康养旅游示范基地。

（9）智慧旅游。大数据是助推全域旅游发展的强大引擎。全域旅游的核心是满足游客全方位的游览需要。大数据的背后是游客的需求、消费的潜能。借助大数据，可分析游客需要，寻找游客兴趣，提高服务质量，打通目的地与游客的“最后一公里”，提高旅游的舒适度和智能度。依靠大数据支撑，形成蓝田县最具个性化、差异化的旅游产品。

（10）品牌建设。全域旅游的发展离不开特色品牌的塑造、龙头产品的带动。积极塑造“万年蓝田千年玉·十里慢城白鹿原”的大品牌，打造“蓝田猿人”发祥地、华胥故里、“美玉之乡”等极具竞争力的旅游品牌，提升蓝田旅游的知名度和影响力。

7.3.4 开展全域旅游典型项目策划

从目前蓝田县旅游业发展现状来看，蓝田县自然旅游发展势头较好，人文旅游稍显不足，蓝田的历史、生态、美玉、古道、温泉、民俗、红色、名人、宗教、史前等文化挖掘不够，文旅融合度不够，没有形成极具特色的旅游品牌。文化旅游的开发重在品牌辨识度和关联度，旅游品牌与目的地的关联度要足够。文化旅游的开发重要的是营造一种文化氛围，围绕着这种文化氛围吸引游客来旅行。文化旅游的开发代表着人格化和情感，是一种体验经济，通过旅游寻找幸福、感受美好生活。文化旅游的开发重在延展产业链与价值，可以有效增强旅游目的地的吸引力，增加旅游消费，从而增加旅游收入并优化旅游产业链。

文化是旅游的灵魂，通过文旅融合发展，文化更加富有活力，旅游更加富有魅力。蓝田县历史文化悠久，是华夏文明最早的萌发地之一，早在百万年前，蓝田人便在这里生息，境内古迹遗迹众多，蓝田猿人、蓝田玉、白鹿原、华胥故里等文化符号影响深远，知名度极高。通过对这些文化符号进行挖掘，打造文化“旅游 IP”，促进蓝田旅游可持续发展。

7.3.4.1 猿人部落——蓝田猿人文化主题乐园建设项目

古人类遗址作为史前文化的重要组成部分，是人类文明发展史上不可或缺的阶段，它蕴含着浓郁的历史气息，吸引着当代人对远古人类的生产和生活不断进行有意义的探索，具有很高的考古价值和艺术价值。

公园地址：由《蓝田县全域旅游发展总体规划》可以看出此项目

计划建设于玉山镇公王村及向西延伸的山前区域，关中环线以南。

公园旅游主题：在“万年蓝田千年玉·十里慢城白鹿原”蓝田大品牌建设主题之下，设置分主题“万年蓝田追古之旅”。

公园旅游活动设置：可设置识古之旅、探古之旅、乐古之旅、赏古之旅四个层次的旅游项目。识古之旅主要通过蓝田猿人博物馆、电子体验展厅、VR体验让文化展示“主题化、人性化、互动化、情景化、科技化”，让人们从“闻、读、知、感、乐”五个方面有全方位的体验。探古之旅主要让游客自己动手体验探古活动，通过情景模拟、亲身体验、考古发掘等活动，将游客带入远古时期的氛围中，体验史前文化。乐古之旅通过设置不同场景的表演台、设置游戏、感受摩登原始部落，让游客参与表演或者游戏，感受文化的乐趣。赏古之旅可通过灯光秀演出、猿人谷表演等文化演出方式，让游客欣赏史前文化，从而引起人们对人类起源的思考与好奇，对大自然鬼斧神工般造化的崇敬与畏惧，通过文化演绎形式展现，引起人们的思考，最终由衷认可蓝田猿人文化主题乐园的文化价值，塑造“蓝田猿人发祥地”的旅游品牌。

公园多产业融合发展：主题公园的建设离不开“吃、住、行、游、购、娱”六要素的配置，通过特色主题餐厅、文化演艺、文创产品、旅游活动、旅游交通、旅游住宿、旅游体验、旅游景观的建设有效促进农业、文化创意产业、康养产业、休闲体育业、林业等诸多产业融合发展，将初级的观光旅游升级为休闲、度假的高端旅游市场，可开发健康养生、避暑休闲、度假疗养、山地体育、汽车露营等旅游新业态，带动区域旅游业发展。

公园区域协调发展：蓝田猿人文化主题乐园项目计划建设于玉山镇公王村及向西延伸的山前区域，关中环线以南。与玉山国际红酒主题小镇建设项目、玉山风景区提升改造项目、中国玉文化博览园建设项目相结合，形成史前文化探奇区、国际红酒文化区、玉山自然风景区、马清运品牌民宿区、玉文化体验区等旅游分区，将玉山镇打造为蓝田县内以居住、休闲、康养、娱乐、旅游、生态观光、文化传承为一体的最佳休闲度假旅游胜地。

7.3.4.2 华胥家艺小镇建设项目

华胥氏画八卦肇书契、记干支作甲历、正姓氏嫁娶、造网罟、教渔猎，开创了中华八千年文明史。从华胥到华夏、从华夏到中华，形成了一脉相承的中华民族文化。蓝田华胥文化是中华民族文化的源头，是华夏文化之根、民族之根的“双根文化”发祥地，是联系海内外华人的重要纽带，是最具有民族向心力的团结核心。

小镇地址：由《蓝田县全域旅游发展总体规划》可以看出此项目计划建设于华胥镇。

小镇旅游主题：在“万年蓝田千年玉 · 十里慢城白鹿原”蓝田大品牌建设主题之下，设置分主题“万年蓝田溯源之旅”。

小镇旅游活动设置：可建设华胥陵陵冢、祭祀广场、祭祀大殿、文化演艺区、情景体验区、文化墙、雕塑等园区设施，设置寻源之旅、祭祖之旅、认同之旅三个层层递进的旅游活动。寻源之旅通过文化墙、雕塑、演绎中华姓氏林等活动让游客寻源，探索从华胥到华夏、从华夏到中华，一脉相承的中华民族文化，追根溯源。祭祖之旅在寻源之旅的基础上，通过祭祀活动，强化华胥先祖在民众记忆中的形象，让游客追根寻祖，激发民众的归属感、自豪感和成就感。认同之旅是通过情景体验、游戏设置等项目让人们体会旅游的趣味性和人情味，认同“华胥故里，华夏源头”的文化内涵。溯源之旅文化旅游过程中文化演艺项目非常重要，可通过大型音乐舞台剧、舞台实景系列剧、儿童剧、灯光音乐水景秀等演出，塑造“华胥故里，华夏源头”的旅游品牌。

小镇产业融合发展：可通过文化旅游叫响“华胥故里，华夏源头”的旅游品牌，在此基础上，进一步完善“吃、住、行、游、购、娱”六大要素，并延伸产业链，让游客充分享受“吃在蓝田、住在蓝田、行在蓝田、游在蓝田、购在蓝田、玩在蓝田”的全新体验，将

“旅游 + 文化”“旅游 + 餐饮”“旅游 + 民宿”“旅游 + 农业”“旅游 + 林业”“旅游 + 工业”“旅游 + 体育”的多产业融合发展。

小镇生态建设：小镇的主要项目有华胥镇文化旅游创意产业、都市田园观光带滨水养生休闲带、西北家具工业园、华胥文化产业园区。华胥家艺小镇建设是一个典型的一二三产业融合发展的过程，小镇工业发展基础较好，“旅游 + 工业”的建设新模式是关键，要把发展精细化、清洁化作为延长产业链和增强竞争力的方向，进一步提升蓝田县生态环境，切实践行“两山”理论。

8

蓝田县域经济
高质量发展实践路径

通过前文对蓝田县域经济发展的资源分析及创新发展模式的可行性研究，进一步提出蓝田县经济高质量可持续发展路径，如图 8－1 所示。

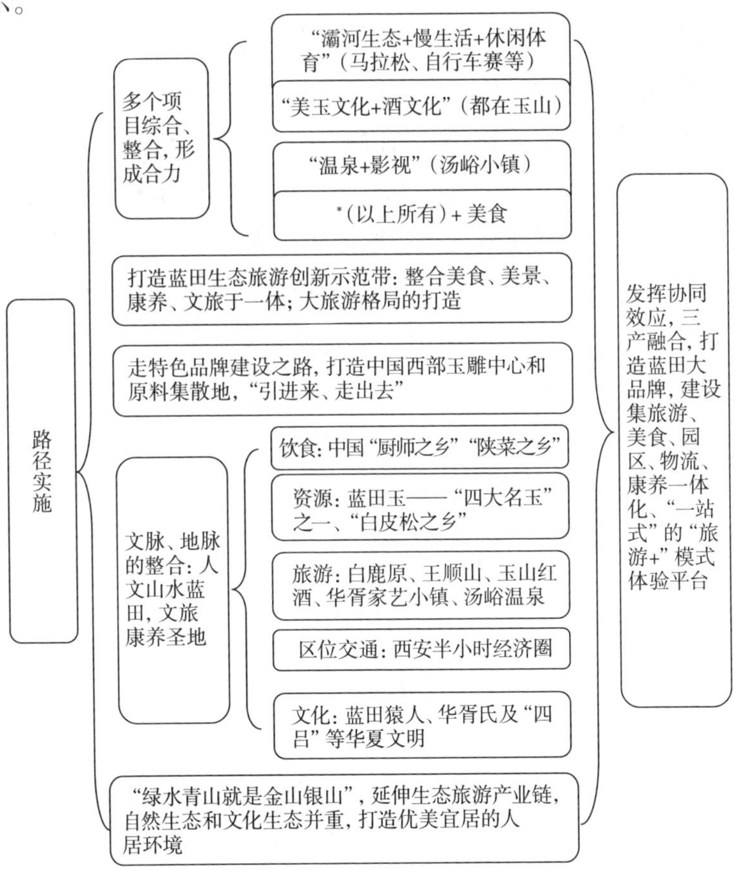

图 8－1 蓝田县经济高质量可持续发展路径

8.1 发展目标

深入贯彻习近平新时代中国特色社会主义思想，认真落实党中央、国务院关于全域旅游的决策部署，按照“五位一体”总体布局、“四个全面”战略布局和“创新、协调、绿色、开放、共享”的新发展理念，聚焦“五个扎实”，奋力追赶超越，围绕旅游治理规范化、旅游发展全域化、旅游供给品质化、旅游参与全民化、旅游效应最大化“五化”发展目标，实施乡村振兴战略，统筹山水林田湖草系统治理，遵循“大城市、大文化、大格局、大产业、大民生、大扶贫、大健康、大数据”八大发展理念，着眼于蓝田历史、生态、美玉、古道、温泉、民俗、红色、名人、宗教、史前文化十大资源优势，重点围绕全域化开发旅游产品、全域化提升公共服务、全域化产业深度融合、智慧旅游全域化覆盖、旅游品牌全域化营销、全域化提高管理服务“六个全域化”发展任务，以建设“人文山水蓝田，文旅康养胜地”为目标，以构建全域化旅游服务体系为支撑，完善基础设施建设，提供优质高效服务，丰富多元旅游业态，突出区域旅游特色，实现居民、游客双赢，最终将蓝田县打造成国家全域旅游示范区、国家旅游休闲度假示范区、丝路一流人文体验与生态康养旅游目的地。

8.2 理念支撑

8.2.1 文旅深度融合，推进“旅游+”模式的全域旅游建设

2018年，随着我国文化和旅游部的组建，“文旅融合”逐渐成为当下理论界的研究热点。李先跃（2019）采用Citespace软件对我国文化产业和旅游产业的融合研究进行可视化分析，发现文化产业和旅游产业融合可分为三个阶段，即萌芽期（2008年以前）、起步和发展初期（2009—2017年）、全面发展期（2018年以后）。熊正贤

(2017) 认为文旅融合发展有三种模式：文化产业交叉式融合模式、文化产品嵌入式融合模式及文化符号渗入式融合模式。而张胜冰(2019) 则进一步将文旅融合的基本模式分为原生态文化保护型模式、文化资源开发利用型模式、IP 延伸授权型模式、“文化 + 科技”的娱乐型模式和“文化 + 地产”的休闲度假型模式等，并强调文旅融合的关键是深度融合，不能简单地把两者叠加在一起，而要通过系统内部的耦合关系促成两者在系统要素上密切关联，产生化学反应。“文旅融合”应以满足消费者需求为出发点，实现文化资源与旅游资源的深度融合，在促进经济增长的同时推动旅游产业与文化产业的进一步发展（冯健，2018）。柴焰（2019）也提出文旅融合的内在价值表现在不仅能够产生强大的经济收益，为旅游目的地带来福祉，还能够增进基于理解和体验的文化创造、旅游分享价值，有利于文化遗产保护与创意产品开发，尤其在强化民族形象的塑造、增强文化认同和文化自信方面发挥作用。同时，张朝枝、朱敏敏（2019）亦指出：践行文旅融合，增强旅游者文化旅游体验的第一、第二、第三层次路径，可能会分别面临文化工具性、文化过度商业化与文化体验失真等批判。

因此，应深入贯彻落实“创新、协调、绿色、开放、共享”的新发展理念，遵循政府主导、社会参与、市场化运作、产业化经营发展理念。以全域旅游发展作为蓝田县域经济高质量发展的核心，按照全域旅游发展要求，构筑“全空间、全地域、全领域、全要素、全方位、全过程、全行业、全时间、全社会、全产业”的“十全”覆盖。

通过实施“一核集聚，二轴串联，五区联动”的空间拓展战略，最终形成“主题明确，特色突出，辐射带动，联通内外”的蓝田全域旅游发展新格局。

8.2.2 自然生态与文化生态并重，深入整合文脉

“文脉”一词是从英文“context”翻译而来的，“context”原意为“（文章中字、词、句等的）上下文；（事物）发生的环境、背景”。

早在20世纪90年代中期，著名旅游地理学家陈传康就给“文脉”下了一个经典的定义。他认为：所谓“文脉”，是指旅游点所在区域的地理背景，包括地质、地貌、气候、土壤、水文等自然环境特征，同时也包括当地的历史、社会、经济、文化等人文地理特征。李蕾蕾（1998）认为文脉是一种“综合的、地域性的自然地理基础、历史文化传统和社会心理积淀的四维时空组合”，进而把文脉作为旅游形象内容的源泉。此后，郭来喜、范业正（1998）在此基础上又以旅游地资源属性及其周边环境因素为依据，提出了“地脉”的概念与之对应，用来表示区域自然地理背景或旅游地的自然构成因素，从而使“文脉”这一概念集中于表现文化的内涵。

随着旅游开发实践的进行，文脉的概念逐步明确和完善起来，人们对于文脉也有了新的认识和发展。文脉不再只是一个单一孤立的概念，而是与历史人文古迹保护，旅游区域规划、开发及形象策划，乃至整个城市的规划与建设问题结合在一起，在多个领域为人们提供了新的思路及新的研究视角，因此也产生了许多新的概念，作为对原概念的衍生与拓展。赵荣（2002）等提出了“景观文脉”的概念，认为它是指旅游目的地自然景观和人文景观的文化内涵及其有机联系。郑志权（2004）提出“城市文脉”（Urban Context）的概念，主要是指在城市建筑及外部空间环境规划设计时要与人的需求、文化、历史、社会和自然生态等外部条件相匹配。他将城市文脉分为两类：“显性文脉”与“隐性文脉”。前者是指通过研究城市环境表层物质形态而产生的设计手段和处理方法，对旧建筑外貌的保护与维护即属于此类；后者则是指通过研究城市环境各实体要素和城市环境中潜在隐形规则之间的联系，不仅仅局限于实体要素本身而谋求的城市环境设计的改造方法。

关于文脉的研究和分析对旅游业的发展起着重要的作用，在推进文旅融合发展的现实实践中，得到了较为广泛的应用。遵循此理念，以蓝田历史、生态、美玉、古道、温泉、民俗、红色、名人、宗教、史前文化这十大文化为重点，优先发展以生态、文化为核心的旅游产业。

8.2.3 走特色品牌建设之路

品牌存在的价值在于促进客户的实际购买，产生持久的知名度、美誉度和认可度，以至达到品牌忠诚。而旅游景区的“品牌忠诚”也有异于实物产品的“品牌忠诚”，它包括游客的重游率、更多的人均消费和良好口碑，以及代理商的反复购买和主动宣传等。消费者对景区品牌的忠诚大大降低了他们在选择旅游目的地时的不确定性，减少了决策成本的付出。景区不仅能扩大销售规模，同时也提升了自身的市场地位和竞争能力。品牌还可延伸其价值，促进旅游企业的相关多元化发展，使主营以外的产品享有品牌的利益，迅速获得市场认可。张颖在《旅游目的地品牌化及其品牌杠杆力探析》（2003）一文中提出：旅游目的地品牌建立后，可不断扩大品牌的使用范围，围绕旅游六要素，实现旅游生产力要素的产业化，使品牌在各个产业领域内得到延伸。旅游目的地品牌化的策略包括：首先，使旅游目的地吸引物品牌化；其次，沟通吸引物与旅游者，深化旅游经历的核心服务；再次，延伸品牌进入那些为旅游经历提供支撑设施的非旅游行业；最后，将品牌核心理念融入整个目的地的其他产品和服务行业，以及那些希望加入目的地品牌的各个行业的生产制造者。因此，传统的观光旅游产品在进行升级改造时应该打造差异化的旅游产品，实施良性的品牌竞争策略。

旅游是一项愉悦身心的活动，而服务是贯穿其始终的。旅游产品的品牌很大程度上由旅游服务的质量决定。在改造观光旅游产品过程中，提升服务质量是一个关键领域。应加强旅游地的服务质量管理，优化景区与接待服务的硬环境和软环境，提升旅游地的综合接待能力和多功能服务水平。具体来说，可着力塑造“美食、美玉、美景、美汤”蓝田“四美”旅游形象，打造极具竞争力的旅游品牌，提升蓝田旅游的知名度和影响力。在该品牌形象下打造民俗文化体验板块、温泉康养度假板块、红色文化体验板块、主题艺术休闲板块以及横岭农业公园体验板块五大板块。五大板块以市场需求为导向，以差异化发展为路径，突出特色和品牌优势，通过联动发展，实现旅游产品的多样性、旅游功能的互补性、旅游品牌的显著性，提升蓝田县旅游的核心竞争力。

8.3 战略引导

8.3.1 体制改革

以国家《全域旅游示范区创建验收标准》为指向，以《蓝田县国民经济和社会发展第十三个五年规划纲要》为依据，以体制机制改革创新为抓手，以理顺蓝田全域旅游发展机制为目标。在党委、政府层面，创新发展旅游市场综合监管的“1+3”模式（“1”是指旅游局“升格”旅游发展委员会；“3”是指“旅游警察、旅游巡回法庭、工商局旅游分局”），加快旅游统计制度和旅游用地制度改革。在市场化运作方面，尽快成立蓝田旅游开发建设公司和蓝田旅游投融资公司，以企业为主体推进蓝田县旅游开发、建设、运营和融资工作，实现全县重点旅游项目发展不走调；指导项目有效对接市场，合理进行发展；控制项目相关资源，达到社会效益和经济效益的有机统一；根据项目实际发展条件情况，运用政府优势条件，协调招商引资和各类手续的办理，推进项目的实质性发展。

8.3.2 大文化驱动

依托蓝田县独有的历史文化，打造具有市场垄断性的文化旅游名县，突出蓝田历史主线，深挖蓝田历史内涵，主打蓝田美食、生态、美玉、古道、美汤、民俗、红色、名人、宗教、史前文化十大文化品牌，无论是城市提升、景区开发，还是环境建设，都要体现蓝田文化的元素，彰显和活化蓝田文化，强势打造“华夏文化之源”旅游品牌，增强蓝田县旅游市场竞争力。

8.3.3 大格局重构

蓝田县旅游资源富集，景点分布广，数量较多，可以通过实施大格局重构，根据市场需求以及形象定位，整合蓝田县旅游资源赋存与城市旅游发展，全面建设“一心领全域，二轴连三带，四片统六团”的全域旅游发展空间格局，辐射带动周边区域，实现全域化覆盖。第一，蓝田全域旅游的发展应突破传统景区的束缚，不依赖传统的景区（点），不以观光为单一目的；崇尚到处都是景点，随时都能成行；以旅游活动为中心，注重旅游体验。通过无景区化的提升过程，实现传统景区向旅游目的地的转变。第二，从供给侧来看，蓝田县自然旅游发展势头较好，人文旅游稍有不足，说明目前旅游总体有效供给不足。因此亟须进一步促进旅游产品的创新开发，由传统单一旅游产品转向互联网时代复合旅游产品，根据全域旅游创新和游客需求，加快蓝田县旅游产品格局的优化。第三，大力推进“旅游+”，充分发挥旅游业的拉动作用和融合能力，实现旅游业与其他行业的磨合、组合和融合，推进旅游业与城镇化、文博、农业、工业、康养、文创、体育等领域全面融合，延伸产业链，扩大产业面，促进旅游功能全面增强，进一步促进蓝田县旅游产业向产业经济转变，形成“大旅游、大市场、大产业”格局。第四，大力盘活蓝田县各乡镇的旅游资源，开发综合性的乡村度假旅游产品和体验类项目；紧抓特色小镇建设，引入国际先进经营理念，将旅游与城镇化建设紧密结合，以整村、整镇改造为抓手，改变城乡旅游供需失衡的状态，实现蓝田全域旅游快速发展。在建设蓝田全域化旅游产业过程中，要注重民生改善，把解决区内居民拆迁安置、正常生产生活放在首位，并充分调动周边居民参与旅游的积极性，投身于旅游项目建设、旅游管理和服务，缓解就业压力，提高经济收入，实现城乡统筹，缩小城乡差距，使发展全域化旅游成为提高城乡基础设施、增加城乡居民收入、改善民生的一条重要途径，真正实现旅游富民、旅游惠民。

8.3.4 大产业融合

优化蓝田县旅游资源配置，吸纳与创新产业要素，优化产业结构，加快产业转型升级，促进旅游业与相关产业的融合发展。强势推进生态康养业，重点扶持遗产旅游业，积极培育“旅游+休闲农业”“旅游+温泉养生”“旅游+制造业”“旅游+林业”等混合型新业态。扎实推进脱贫攻坚，巩固脱贫成果，保障全面建成小康社会是未来蓝田县需要解决的重要工作。通过发展全域旅游，把贫困村、贫困户纳入旅游产业发展格局。通过旅游基础设施建设和旅游项目布局向贫困村倾斜，加快改变落后面貌，为贫困村开展农家乐、休闲农业等旅游项目创造条件。通过产业技能培训、扶持政策和贴息贷款等多种措施，调动贫困群众积极性，让他们参与到旅游经营、旅游服务和旅游产品生产中来，切实提高群众收入，使区域内农民因旅游发展直接受益达到20%，实现旅游脱贫的目标。

8.3.5 大健康塑造

依托良好的自然山水资源和丰富的养生资源，坚持“大健康+四化（生态化、信息化、现代化、新型城镇化）”发展战略，以健康服务业和养老服务业为突破口，重点打造汤峪温泉养生养老、水陆庵佛文化养生、王顺山森林氧吧等健康休闲产业项目，建立多层次、全方位的大健康产业体系，开创“医、护、养一体化”新型服务模式，将蓝田县打造成为西北地区首个以传统文化为引领，以养老、养生为重点，以中华传统养生哲学为精神，以秦岭田园风光为氛围的国家康养旅游示范基地。

8.3.6 大数据助推战略

大数据是助推全域旅游发展的强大引擎。全域旅游的核心是满足游客全方位的游览需要。大数据的背后是游客的需求、消费的潜能。

借助大数据，分析游客需要，寻找游客兴趣，提高服务质量，打通目的地与游客的“最后一公里”，提高旅游的舒适度和智能度。依靠大数据支撑，形成蓝田县最具个性化、差异化的旅游产品。

8.4 具体实施路径

打造蓝田西北现代智能化家具工业园与商贸新城：做好垃圾处理、环境保护；建设蓝田玉石国际化品牌，打造中国西部玉雕中心和原料集散地，举行大型玉石展销洽谈会，“引进来、走出去”；有针对性地以几个镇和村作为典型试点，重点打造蓝田玉石、特色农产品品牌，以三产融合为抓手，建设玉石、农产品深加工示范区，基于“互联网＋零售电商”模式走国际化营销道路；打造蓝田生态旅游创新示范带，发挥协同效应，着力打造蓝田大品牌，融入大西安旅游战略规划之中，建设美食、文旅、园区、康养一体化、“一站式”的1～2天蓝田文旅康养体验平台；构建保障机制，政府统一规划，职能部门分工协作。重点在于打造“旅游＋”模式的全域旅游发展战略和自然生态与文化生态并重的可持续生态环境基础。

8.4.1 坚持“两山”理论，推进生态保护和经济协调发展

慢生活、休闲、度假的基础是生态良好。2005年8月15日，习近平总书记在浙江省安吉县余村考察时，首次提出了“绿水青山就是金山银山”的科学论断。2014年3月7日，习近平总书记在参加贵州代表团审议时强调：“绿水青山和金山银山绝不是对立的，关键在人，关键在思路。”党的十八大以来，习近平总书记多次在不同场合和相关会议中提及“两山”理论。2015年3月24日，中央政治局审议通过《关于加快推进生态文明建设的意见》，将“坚持绿水青山就是金山银山”正式写入中央文件，成为推进我国生态文明建设的指导思想，为建设美丽中国提供了理论支撑。2018年4月，习近平总书记在深入推动长江经济带发展座谈会上强调，要积极探索推广绿水青山转

化为金山银山的路径。2018 年 5 月 18 日，习近平总书记在全国生态环境保护大会上指出，“生态文明建设是关系中华民族永续发展的根本大计”。可见可持续、良好的生态环境和优美宜居的人居环境是高质量经济发展的有效保障和前提基础。打造可持续生态环境和人居环境的具体措施包括：

（1）可持续生态环境和良好人居环境打造。

①争取创建“绿水青山就是金山银山”实践创新基地，编制规划，创新生态补偿等机制。具体项目可包括：灞河湿地公园的开发；滨水蓝道、风景绿道、文化紫道等风景道建设项目；生态旅游与农业、林业、海洋、文化等相关产业和行业融合发展，延伸生态旅游产业链。

②自然生态和文化生态并重。文化生态指的是以人为本、集约低碳、生态文明、“四化”同步、多元形态、优化布局、创新发展、功能完善、公平共享、传承文化和城乡协调。

③推进城乡环境综合整治工程：改厨、改厕、改客房、整理院落（城镇生活垃圾无害化处理、城镇污水集中处理等）。

（2）“旅游+”全域旅游带动模式下的综合产业发展。

蓝田县具有厚重的人文资源、优美的生态景观和适宜的气候条件，具有发展旅游产业的优势和基础。通过发展“旅游+”，有机融合一二三产业，催生新业态、形成新产业，提升产业经济整体实力和发展水平，进而推动旅游产业的快速发展。

“旅游+”，是指充分发挥旅游业的拉动力、融合能力，以及催化、集成作用，为相关产业和领域发展提供旅游平台，插上旅游“翅膀”，形成新业态，提升其发展水平和综合价值。

“旅游+”是需求拉动、市场推动的“+”，以巨大的市场力量和市场机制，为所“+”各方搭建巨大的供需对接平台。

“旅游+”是创造价值、放大价值的“+”，会产生“1+1>2”的效果，能“+”出新的价值、新的惊喜。

“旅游+”是以人为本、全民参与的“+”，是一个可以广泛参与、广泛受益、广泛分享的“+”，而且，“+”的过程就是一个人力资本开发、创造力激发的过程。

“旅游+”是可以充分拓展的“+”，具有天然的开放性、动态性，“+”的对象、内容、方式都不断拓展丰富、多种多样。

8.4.2　夯实高品质旅游基础设施建设，推进“慢游”综合旅游交通体系

通过打造“美食、美玉、美景、美汤”蓝田“四美”的旅游形象，打造极具竞争力的旅游品牌，提升蓝田旅游的知名度和影响力；发展民俗文化体验板块、温泉康养度假板块、红色文化体验板块、主题艺术休闲板块、横岭农业公园体验板块五大主题板块。五大板块以市场需求为导向，以差异化发展为路径，突出特色和品牌优势，通过联动发展，实现旅游产品的多样性、旅游功能的互补性、旅游品牌的显著性，提升蓝田旅游的核心竞争力。深入贯彻落实“创新、协调、绿色、开放、共享”的新发展理念，遵循政府主导、社会参与、市场化运作、产业化经营发展理念。以全域旅游发展作为蓝田县域经济高质量发展的核心，按照全域旅游发展要求，构筑“全空间、全地域、全领域、全要素、全方位、全过程、全行业、全时间、全社会、全产业”的“十全”覆盖体系。通过实施“一核集聚，二轴串联，五区联动”的空间拓展战略，夯实高品质旅游基础设施建设，最终形成“主题明确，特色突出，辐射带动，联通内外”的蓝田全域旅游发展新格局。

当前，慢行交通和慢城生活，逐渐成为建设宜居宜游城市的重要元素。解决了景区进入性问题，让游客“慢下来”“留得住”是现代旅游业中又一个课题。让游客“慢下来”“留得住”，一方面要靠目的地的吸引力，另一方面要靠“慢行游”配套。应推进建设集“吃、住、行、游、购、娱”于一体的“慢游”交通网络，因地制宜地建设

旅游风景道，打造具有通达、游憩、健身、教育等功能的主题线路。

（1）全力构建“快进慢游”的旅游交通网络。

要坚持以交通畅达为基石，打通“主动脉”，畅通“最末梢”，助推“慢游”。依托高铁、城铁、民航、高等级公路等构建“快进”交通网络，提高旅游通达性和便捷性，要求通往4A级景区要有一种以上快进交通方式，通往5A级景区要有两种以上快进交通方式，并根据景区旅游接待规模确定公路建设及相关基础设施建设标准。

（2）着力打造公交、骑行、步道为主的立体慢行系统。

公交方面，需大力发展旅游穿梭巴士、特需公交、定制公交等，全面构建旅游“公交都市”；骑行方面，根据旅游业发展要求建设自行车道、步行道等“慢游”设施，在有条件的地方要加强骑行道路建设，让游客既能体验骑行乐趣，又能欣赏沿途美景；步道方面，要改造坡陡路窄的“羊肠小道”，开辟观光与安全兼顾的登山步道，为游客提供“驻足赏美景”“迈步登险峰”的舒心体验。

（3）开发交旅融合创新产品。

打造公路自驾游、房车旅游精品交通线路；大力发展环河、环山、环域等旅游线路产品，推动山水之城旅游提档升级。因地制宜地打造旅游风景道，支持红色旅游景区、民族特色村寨、风情小镇的旅游公路建设，以旅游景区、旅游度假区、旅游小镇、旅游村寨等为节点，强化通景干线公路和景区环线公路沿线的环境整治美化，实现乡村风景与道路景观的深度融合，推进普通公路服务设施从单一交通功能向交通、生态、游憩、观光等复合功能转变。

（4）发展租赁及共享交通服务。

支持在城乡节点和交通枢纽合理规划布局汽车租赁点，推动实现一地租车、异地还车；以机场、火车站、公路客运枢纽等综合交通枢纽和旅游集散中心为重点，推进交通枢纽“运游一体化”建设；鼓励和规范共享汽车、共享电车、共享单车等“互联网＋旅游交通”的旅游交通出行方式等。

到2025年，基本形成“快进慢游”旅游交通基础设施网络，基本形成结构合理、功能完善、特色突出、服务优良的旅游交通运输体系，建成有蓝田特色的交通运输与旅游融合示范区，建成区域性旅游交通综合枢纽，助力蓝田县知名旅游目的地建设。

8.4.3　坚持能融尽融，推进“旅游+”多业态融合发展

推进“旅游+”融合发展，充分发挥旅游业的拉动作用和融合能力，在旅游与文化、旅游与研学、旅游与城镇化建设、旅游与农业、旅游与体育、旅游与金融等方面融合发展，转型提级，拓展旅游产业发展的宽度和深度，整体提升旅游产业的效能。例如，以汤峪温泉为重点，推进“旅游+养生养老”；以公王岭猿人遗址、华胥氏遗址、四吕纪念馆、王维纪念馆和葛牌红色旅游小镇为重点，推进“旅游+研学（教育）”；以培育新型文化业态为重点，推进“旅游+文化”等。充分发挥蓝田县紧邻国际化大都市旅游市场的区位优势，深入推进“旅游+”战略，催化旅游要素集成，放大有效需求，带动三次产业融合，形成旅游新业态。如旅游信息产业、低空旅游、无人机旅游、虚拟现实旅游、房车旅游、旅游智力产业和旅游创客产业等。顺应现代产业融合发展趋势，打破旅游产业传统边界，通过要素的链接与各相关产业相互渗透，发挥旅游业对新兴产业和现代服务业的重要促进作用，促进旅游业和农业、工业、信息产业、金融、教育、科学技术、房地产、医疗卫生、文化等行业和领域的融合发展。

（1）“旅游+文化”产业融合。

联合西安旅游集团、陕西旅游集团等大型旅游企业，打造一批具有国家乃至国际影响的文化旅游品牌与景区。重点开发推进玉山、葛牌、汤峪三大片区的文化旅游项目建设，充分挖掘以蓝田猿人遗址、水陆庵、蔡文姬纪念馆为代表的非物质文化遗产的文化内涵、文化背景、工艺技术等文化元素，加大旅游纪念品的开发推广力度，借助现代科技手段，创意策划文化遗产旅游项目，实现文物

遗产资源的活化，强势推进遗产文化体验特色专题旅游市场的拓展。加强解说导览系统的开发合作，增强蓝田遗产旅游解说服务的专业化与趣味性。提升蓝田以地方文化、民族风俗为特色的旅游表演项目质量，并加强相关专题影视剧、专题片的影视旅游产品开发。聘请专业人才对旅游管理人员旅行社、导游进行专业培训，提升专业素养。支持传统戏剧排练演出场所、传统手工艺传习场所和传统民俗活动场所建设。

邀请著名专家学者在客源地主流媒体撰写介绍蓝田地理、历史、文化、民间风俗及旅游景点的系列报告；策划名人访谈与民间杂谈等节目；拍摄蓝田历史文化、精品旅游景区的专题片并在知名媒体进行传播；邀请知名专栏作家、记者和网络写手撰写蓝田游记，传播、树立旅游形象；更新蓝田旅游地图。

项目支撑：蓝田慢生活系统建设项目；蓝桥国际旅游度假区建设项目；白鹿原影视小镇建设项目；中国家风乡约文华苑建设项目；水陆庵宗教文化休闲旅游度假区提升改造项目等。

（2）“旅游＋教育”产业融合。

以国家《推进中小学生研学旅行的意见》办法为指导，以公王岭猿人遗址、华胥氏遗址、四吕纪念馆、王维纪念馆和葛牌红色旅游小镇为重点，依托自然和文化遗产资源、大型公共设施、科研机构，开发一批育人效果突出的研学旅行活动课程，建设一批具有良好示范带动作用的研学旅行基地，打造一批具有影响力的研学旅行精品线路。

开发针对不同人群的旅游研学产品，在深度上要适应国内外不同群体的文化层次，满足不同需求。进一步挖掘研学旅游资源，深化打造主题品牌，将蓝田县打造成研学旅游目的地，加大对青少年的政策优惠，加强接待配套设施建设，切实提高管理服务水平和安全保障，不断提升研学旅游的综合吸引力和品牌认知度，将研学旅游培育成蓝田县旅游发展创新的增长点。

项目支撑：葛牌红色小镇提升改造项目；玉山国际红酒主题小镇

建设项目；蓝田餐饮名都建设项目；华胥家艺小镇建设项目；中国玉文化博物馆建设项目等。

（3）“旅游+体育”产业融合。

深化体育旅游战略合作协议，共同办好蓝田县蓝关古道马拉松赛等活动。鼓励开发山地越野、山地自行车、森林探险、户外露营、攀岩、漂流、独木舟、皮划艇等山地河湖运动旅游项目，加强体育赛事策划和赛事基地建设。依托体育场馆等资源，通过培育蓝田县特色品牌赛事节会，提高人气，创造赛事旺季；通过赛事基地与旅游功能的融合，开发丰富多彩的品牌赛事产品，扩大影响力，提高蓝田县旅游的品牌知名度。

项目支撑：蓝关古道国际体育赛事建设项目；自驾车·旅居车国家级营地建设项目；灞源灞水小镇建设项目等。

（4）“旅游+林业”产业融合。

创建森林资源生态化保护与旅游化开发富民、森林公园产业经济开发新模式。以生态经济开发为手段，打造国家级生态旅游示范区。开发原始森林探险游、避暑森林生态游、森林体育游、森林养生游、休闲度假游、“森林人家”体验游等旅游产品，把森林公园、湿地公园等资源景区化、特色化，推动林业与旅游业融合发展。依托秦岭北麓优良的山地森林环境，将旅游与康养融合，建设森林自驾营地、旅居车营地、野营地、森林康体、森林医养、森林健身、森林度假等新型森林生态旅游产品。大力推进灞河两侧滩地植被的种植与保护工作，发挥“生态保育与旅游休闲”的双重功效。

项目支撑：玉山风景区提升改造项目；灞河生态休闲景观廊道建设项目等。

（5）“旅游+农业”产业融合。

依托城市、特色旅游名镇名村和岭区周边的传统特色农业区，打造国家级田园综合体、现代农业庄园、休闲农庄、果园花园和农产农博园，提高农业综合效益。深入挖掘农村文化资源，发展以生态体验、休闲度假为主体的乡村旅游民宿（农家乐）、美食、购物等特色产品。加快乡村旅游规范化管理，坚持以《西安市乡村旅游建设与服务规范》《西安市农家乐餐饮与住宿规范》为指导。对全县涉农区县具备一定发展条件的村镇进行村容村貌、基础设施、生态环境综合改造与提升，推动美丽乡村建设。采取企业主导、承包农户方法，提高农户经营责任。农业基地采取前店后厂模式，兼带社会农业。发展现代休闲农业，促进乡村旅游发展。持续推进农民农业和旅游服务技能培训，提高职业农民的占比，推进就业。

项目支撑：岭区田园综合体建设项目；美丽乡村——乡村旅游提档升级项目等。

（6）“旅游＋信息产业”产业融合。

建设完善旅游目的地电子商务系统，主要包括信息查询服务、在线预订服务、客户端应用服务、中介人服务。通过目的地电子商务系统，旅游者可以在网络上查询到蓝田县的相关旅游信息，并完成预订入住酒店、旅游线路设计和导游预约等相关服务。

蓝田县可通过景区电子门禁系统、景区电子售票系统、景区监管信息系统、文物数字化管理系统、环境监测系统和卫星遥感系统、GPS 车辆调度系统、森林防火监控网络系统、电子显示屏（LED）信息发布系统、背景音乐智能广播系统、公用信息总监控中心等实现旅游景区和旅游城市数字化管理。

项目支撑：蓝田智慧旅游体系建设项目；中国玉文化博物馆建设项目等。

（7）“旅游＋金融”产业融合。

通过与国家开发银行、中国建设银行等金融机构签订战略合作协议，构建银旅协作机制。建立政府旅游投资基金，将资金分散投资于不同的旅游基础设施项目，待所投资项目建成后通过股权转让实现资本增值，基金的收益与风险由投资者共享共担。鼓励金融机构对重大旅游项目和文化旅游名镇建设项目给予融资授信支持。发展旅游投资项目资产证券化产品，推进旅游项目产权与经营权交易平台建设。加大对小微旅游企业和乡村旅游的信贷支持力度，引导预期收益好、品牌认可度高的旅游企业通过相关收费权、经营权抵（质）押等方式融资筹资。支持符合条件的旅游企业上市，引导社会资本投资旅游业，形成多元投资格局。

项目支撑：玉山国际红酒主题小镇建设项目；通航小镇建设项目等。

（8）“旅游＋医疗/康养产业”产业融合。

将医疗业与旅游产业结合，为医疗旅游者提供专业的、专门的医疗服务。依托蓝田县优美的生态环境、丰富的温泉旅游资源，以汤峪温泉开发为重点，进行“旅游＋养生养老”产业融合，发展医疗旅游业。还可对接老龄大市场，依托现有的生态旅游资源和气候条件，分别突出医疗养生、休闲养生、修身养性等功能，为老年游客提供身心的全方位旅游体验。大力开发旅游保健商品，延长保健旅游的产业链，增加产品的附加值。

项目支撑：汤峪温泉小镇提升建设项目；水陆庵宗教文化休闲旅游度假区提升改造项目；蓝田国际田园建设项目等。

（9）“旅游＋科技”产业融合。

科学技术与旅游业日益密切地结合是一个必然趋势。蓝田县可依托高科技本身高、新、尖的特性，满足旅游者对新、奇、特的需求，发展科学研究场所游，科技馆、博物馆旅游，科技主题园游，微缩景观，农业高新技术观光园等。对蓝田县重要人文旅游景区进行虚拟旅游产品开发，形象再现蓝田历史文化辉煌与胜景。

项目支撑：猿人部落——猿人文化主题乐园建设项目；中国玉文化博物馆建设项目等。

（10）“旅游＋城镇化”产业融合。

统筹城乡发展，加快推进美食文化小镇、华胥文化小镇、家风乡约小镇、通航小镇、消费性趋向产业集群小镇等宜居宜业宜游特色村镇建设。与西安市住建部门签署战略合作协议并给予政策支持，加快文化旅游名镇创建5A级旅游景区步伐。积极推进蓝田县葛牌镇、玉山镇省级文化旅游名镇建设，健全蓝田县配套服务设施。各区按照“三生融合”（生产、生活、生态）、“三位一体”（产业、文化、旅游）发展思路，实施城镇旅游化升级改造工程，突出个性化主题，实施“慢游计划”，促进食、宿、购、娱等旅游产业要素在城镇集聚。

项目支撑：辋川“王维别业”唐诗小镇建设项目；白鹿原影视小镇建设项目；华胥家艺小镇建设项目；灞源灞水小镇建设项目等。

8.4.4 推进“三生一体”新型农旅经营形态，打造乡村振兴绿色引擎

首先，发展县域特色农业，立足县域农业资源，培育资源优势，实现特色农业资源优势向产品优势、经济优势、生态优势转变。通过特色农业产业园区建设，进一步整合县域农业资源，提升农业发展质量和效益。

其次，以蓝田美食、生态、美玉、古道、美汤、民俗、红色、名人、宗教、史前文化十大文化为重点；以餐饮、休闲、居住、购物、温泉康养、生态度假、红色研学教育、文化体验、山地运动为卖点，优先发展以生态、文化为核心的旅游产业。做到自然生态和文化生态并重，文化生态指的是以人为本、集约低碳、生态文明、“四化”同步、多元形态、优化布局、创新发展、功能完善、公平共享、传承文化和城乡协调。

在此基础上，积极推进县域农工商一体化以及三大产业融合发展，打通县域生产、加工、流通、营销渠道，推进蓝田县域产业链条式联动协同发展，进而为实现蓝田县域经济高质量发展提供动力支撑与绿色引擎。

8.4.5 健全旅游业人才培养机制，推进劳动力向旅游产业延长链转移

健全旅游业人才引进、培养激励机制，推动劳动力逐渐向旅游产业延长链转移，发挥人力资源要素产业配置和再配置过程中的“结构红利”，是蓝田县加快完善全域旅游配套服务体系的重要举措。

8.4.5.1 旅游人力资源开发

统筹考虑景区的实际需求，有序开发人才资源，创新人力资源开发管理机制，为蓝田全域旅游发展开发一支高素质、精业务、优服务的专业化旅游人才队伍。

蓝田全域旅游人力资源开发具体包括如下措施：

（1）建立高端旅游人才智库。

面向全社会诚邀高端旅游人才，建立高端旅游人才智库。引进外来优秀管理人才和专家，保证住房，支持技术和智力入股，保障外来人才权益；实施企业家工程，建立外来企业家人才库，建立健全高级管理人才管理计划，保护外来企业家财产合法权益；设立旅游人才专项基金，用于旅游人才引进、旅游人才培养、旅游人才奖励等工作；优化配置旅游人才资源并实现人才资源共享。

（2）成立专家咨询委员会。

邀请来自全国乃至全世界规划、酒店、景区、旅游管理等方面的专家成立旅游专家咨询委员会，为蓝田全域旅游提供建设性的建议和意见。

（3）积极实施“筑巢引凤”工程。

出台各类人才优惠政策和激励机制，引入会议会展、艺术设计、中西餐厨师、通信技术维护、餐饮客房服务、料理厨师、前厅礼仪接待、酒店管理等紧缺技能人才常驻蓝田。

（4）成立蓝田乡村旅游研究院。

成立蓝田乡村旅游研究院，抢占陕西省乡村旅游研究制高点，为

乡村旅游政策及成果转化搭建平台，放大乡村旅游精准扶贫效应，推动旅游专业建设与人才培养。研究院成立后，除了以专著、课题、研究报告、调研报告、提案、数据库信息等为成果载体，对乡村旅游开展全面深入专题研究外，还进行乡村旅游项目设计与策划、开发乡村旅游产品、创意设计乡村旅游商品，并致力于培训乡村旅游从业者，提高村民参与积极性与参与度。

8.4.5.2　旅游人力资源培训

（1）制定旅游人才培训制度。

①建立服务技能培训制度。

蓝田县人力资源管理部门应将国家和地方的服务行为规范与实际情形相结合，制定旅游服务规范细则，加强对员工服务技能的培训。定期组织员工参加职业技能资格考试，提高服务人员的资质认证比例。

②建立旅游人才轮流进修制度。

加强定期培训，实行旅游人员轮流进修制度，组织人员去旅游院校、5A 级旅游景区、五星级酒店参观学习，接受最新的服务理念，提升员工的业务素质和服务技能。

③建立旅游旺季前期培训制度。

旅游旺季的接待服务质量成为判定景区成熟度的重要指标。蓝田县应做好旺季前的旅游从业人员培训工作，让员工在接待人数多、任务重、时间紧的特殊时期，能够为游客提供优质高效的服务。

④建立优秀人才奖励培训制度。

蓝田县旅游管理部门要设立奖励培训制度，为优秀旅游工作人员提供深造的机会，激发员工的工作热情和积极性；设立旅游人才培训专项基金、专项专款用以培养旅游专门人才。

（2）采用多种培训方式。

①先进单位参观进修。

倡导学习先进单位的服务理念和技能，定期组织员工参观，选派员工到先进单位进修学习。

②专业技术院校学习。

架接景区与专业技术院校的桥梁，利用其师资优势，定期组织管理、技术、营销和服务人员进修和学习，提升专业技能，保障高质量的服务。

③行业互学。

通过各个渠道与西安市、外省市的同行联谊，创造到各大星级酒店、知名景点参观学习的机会，营造行业互学的良好氛围。

（3）培训内容。

根据旅游市场发展动态以及蓝田县旅游业发展实际，积极、系统、常态化地进行旅游人才培训，提高蓝田县旅游人才综合素养，提升蓝田县旅游管理和服务水平。具体培训内容包括农业科技培训、旅游从业人员培训、非物质遗产传承人培训、创新创业培训、旅游讲解员培训、旅游安全培训、全域旅游培训等。

8.4.5.3 加强旅游“产学研”一体化协同创新

积极与省内外高校合作，建立蓝田全域旅游人才培养基地；鼓励相关高校、研究院（所）的专业人员，参与破解蓝田全域旅游发展的重点、难点、热点问题；构建“政府 + 企业 + 高校 + 研究院（所）”的旅游协同创新模式，为蓝田县旅游发展、人才培养、成果应用、平台建设等提供必要支持和保障。发挥高校专业优势，对接产业发展需求，培养、培育相关专业人才，为蓝田县高质量经济发展和生产建设持续输送高素质、高水平的优质人才。同时，利用高校和科研院所的理论研究特长，寻求科技和管理创新，推动理论研究向实践成果转化，为蓝田县的经济发展指明道路、创新思维、革新手段、提升效率。

8.4.6 以游客需求为导向，依托“大数据 +”推进智慧旅游便民服务体系建设

首先，大数据是助推全域旅游发展的强大引擎。全域旅游的核心是满足游客全方位的游览需要。大数据的背后是游客的需求、消费的

潜能。借助大数据，分析游客需要，寻找游客兴趣，提高服务质量，打通目的地与游客的“最后一公里”，提高旅游的舒适度和智能度。依靠大数据支撑，形成蓝田县最具个性化、差异化的旅游产品。

其次，科学技术与旅游业日益密切地结合也是一个必然趋势。与大中城市相比，县域信息化水平低，科技信息交流成为薄弱环节，为此，应建立与完善支撑县域经济发展的科技数据平台，使县域企业、商家、游客不仅足不出户就可以获得自己所需要的技术信息和服务，还可以从科技支撑县域经济发展的成功案例中受到启发。

最后，旅游业作为信息密集型产业，搜集、存储、传递和分析旅游数据信息不仅是整个行业延续发展的核心，也是连接旅游目的地与旅游者的重要桥梁。若信息得不到及时有效的传递，即使旅游资源再优质，其营销效益也无法得到有效提升。推动大数据产业和旅游产业融合发展，不仅要注重旅游营销工程建设、旅游宣传平台搭建、旅游营销目标定位等，还要利用大数据、智慧旅游、云旅游平台等分析和掌握当前游客需求偏好和感知体验状况，推进“一站式”便民服务体系建设及旅游目的地知名度提升。

具体来说，蓝田县可依托高科技本身高、新、尖的特性，满足旅游者对新、奇、特的需求，发展科学研究场所游，科技馆、博物馆旅游，科技主题园游，微缩景观，农业高新技术观光园等。对蓝田县重要人文旅游景区进行虚拟旅游产品开发，形象再现蓝田历史文化辉煌与胜景。统筹汤峪、玉山、华胥等重点镇建设，加快推进智慧城市建设，强化大数据运用，逐步提高城市管理智能化水平。

9

蓝田县域经济
高质量发展对策研究

9.1 坚持全域旅游助推经济高质量发展思路，确定“万年蓝田千年玉·十里慢城白鹿原”大品牌建设主题

针对蓝田县近年来经济发展中存在的主导产业不是很明确的问题，结合蓝田县经济发展实际情况，课题组经过多次调研，认为蓝田县经济发展应充分发挥其现有优势，坚持全域旅游助推经济高质量发展思路，要喊红、叫响在省市及全国具有高辨识度的知名文化旅游品牌，最终确定“万年蓝田千年玉·十里慢城白鹿原”的大品牌建设主题，并通过创建国家全域旅游示范区，实现蓝田县经济高质量发展。

确定“万年蓝田千年玉·十里慢城白鹿原”的大品牌建设主题，主要基于以下考究：

一是基于能喊红和叫响角度考虑，应突出口号的记忆点，用数字的方式［万、千、十、白（通百）］朗朗上口，比较通俗且容易记忆。

二是基于蓝田县特色产业考虑，既要突出历史文化，又要突出现代主打产业。确定代表性历史文化华胥文化和蓝田猿人遗址，打造“溯源追根”原地标。利用好“蓝田玉原产地”招牌效应，深挖蓝田玉文化相关史实、传说，精细打磨、打造蓝田千年玉文化品牌。现代产业主要做好山水文化新文章，利用秦岭资源做好生态休闲康养旅游大文章，不仅体现几十里慢城建设，更突出当前商业价值比较明显的白鹿原景区，强化白鹿原同蓝田的隶属关系和概念捆绑，形成营销亮

点与强记忆点。

三是从历史长河角度考虑，突出和体现蓝田县悠久的历史文化和持续向上发展的精神状态和风貌。

9.2 筑牢全域旅游经济发展基础，提升全域旅游服务水平

蓝田县委、县政府坚持把全域旅游作为头号工程，2019 年蓝田县全年地区生产总值（GDP）为 149.23 亿元，旅游业总收入为 94.92 亿元，且旅游业在全县经济中所占的比重（63.6%，2019 年）还在不断上升。目前，蓝田县具备了高质量的旅游产品，但服务水平和服务意识需进一步提升，没有高质量的服务，就不可能有高质量的、可持续的旅游发展水平。从系统论角度来看，经济发展追求供需平衡是实现资源最优配置和效益最大化的最终目标。以旅游为龙头产业带动县域经济高质量发展首先要抓好队伍建设，筑牢全域旅游经济发展基础，提升全域旅游服务水平，满足消费者品质化需求。一是要创新管理模式，让广大基层干部成为发展旅游业的“行家”，提升管理干部的服务意识，实现村—镇—县域经济跨越式发展；二是要提升旅游服务水平，深入开展旅游人才培训，提升从业人员素质，促进旅游品质化提升，实现蓝田县的精致化。

9.3 深入挖掘特色化旅游拳头产品，打造蓝田经济品牌

针对蓝田县旅游资源丰富、旅游产品推介层次不分明等情况，需要整合现有资源、打破现有思维，在反复论证的基础上确定具有传承性、永续性、独特性、品质化的产品作为旅游拳头产品，以拳头产品辐射融合其他旅游产品，串点成线、串珠成链形成整体效应，打造蓝田经济发展品牌。一是凸显传统文化传承，建议将“华胥古国”文化

与蓝田猿人遗址古人类发源地的科考史实相结合，形成上万年的历史文化互补印证的中华民族地标原品牌，从人类文明渊源角度提升万年蓝田知名度，从文化、艺术、工艺等角度再现千年美玉文化。二是打造现代休闲康养产业集群，依托秦岭山水山地资源、汤峪温泉、“美食之乡”、特色民宿，举力打造休闲康养产业、打造体验式慢城生活。通过拳头产品品牌效应，实现蓝田县经济全方位提质增效。

9.4　强力推进科技支撑县域经济，实现智慧旅游全覆盖

核心—边缘理论认为经济发展通过市场机制和政府作用发挥，将由中心城市扩散至乡村地区，当前县域经济发展已上升至国家战略高度，动力转换、结构调整成为县域经济高质量发展的标志，综观百强县（市）发展实践，县域经济的巨大支撑在于科技。蓝田县经济发展以全域旅游为龙头，需要强力推进科技支撑作用，实现智慧旅游全覆盖。在智慧旅游中，要重视电子商务在旅游信息查询、酒店预订、餐饮、纪念品购买方面的重要作用。一是通过科技扩散传播县域知名度，通过科技提升现有产业定位，发挥大数据与互联网重要作用，完善智慧城市功能，助力全产业链融合。二是利用现代科技建成全域旅游指挥中心，创新发展模式，提升全域旅游管理水平和服务水平，通过智慧服务、智慧管理和智慧营销加强旅游资源和产品开发与整合，实现智慧旅游全覆盖。积极发挥科技创新作用，实现智慧旅游，加快蓝田全域旅游发展进度。

9.5　重视自媒体“跨界”营销，扩大受众面和营销效益

自媒体及社交媒体的快速发展使旅游行业发生了史无前例的变化。自媒体人参与旅游营销的比例不断上升。传统媒体推送广告、通

过重大节庆活动扩大知名度、举办旅游产品推介会等传统营销方式受地域地界限制，受众面较小，甚至仅局限于县内、省内，且目标客户不清晰。目标客户在哪里，流量在哪里，营销点就在哪里。一是旅游自媒体可根据消费者个性化需求，借助自身特点及优势，更有效地传播新兴旅游目的地特色，如直播、图片、游记、短视频、软文稿件等，有众多媒体渠道可参与分发，如抖音、微信、马蜂窝、驴妈妈、携程、去哪儿、优酷、百度等，这种多元化、个人化的体验式传播会比传统的旅游推广模式更有说服力。二是可进一步以互联网为推手，发挥自媒体、大数据和电商平台作用，不断扩大蓝田县旅游辐射范围，加强与自媒体平台的深度合作，培养和引入“网红”直播人才，吸引流量，扩大营销受众面，增强营销效益。

9.6 开发品质化文创产品，加强线上、线下联合运营

文创产品凝聚着特色文化精神，也连接着消费市场。旅游商品销售是旅游产业链的重要一环，也一直是国内旅游产业的短板。蓝田县旅游产品开发力度明显不足，旅游购物在旅游收入中所占比重较低，消费者很难带走什么，其主要原因在于缺乏高品质的文创产品，旅游商品同质化严重，缺乏创意和个性，质量和品质不高，游客不愿消费。当前，我国旅游正在进入品质消费时代，蓝田县需要紧跟旅游经济发展变化形势，用超前思维、弯道超车的方式做好旅游文创商品开发。可借鉴故宫博物院的文创运营模式：一要加强创意设计和研发能力，产品要贴近消费者需求，注重产品的艺术性、实用性和珍藏性。二要具备互联网运营思维，从文创产品本身到文创产品全程销售运营中实行线上加线下联合运营销售，强化互联网时代下的品牌营销和资源整合能力。

9.7　挖掘岭区原乡旅游资源，探索“三权”“三变”，促进乡村振兴

蓝田县为农业大县，农业资源丰富，农业从业人口占比较大，在“两山”理念和乡村振兴战略指引下，乡村旅游是蓝田全域旅游的重点工作，依托蓝田县丰富的农业资源与土地基础，以旅游和农业功能为主，以休闲农业和美丽乡村建设为重点，以综合开发为手段，打造集现代农业、休闲度假、美食购物、文化体验多种功能于一体的田园综合体，实现蓝田县农业开发与发展大格局，促进美丽乡村建设。一是进一步探索“农村变景区，农舍变民宿，农民变导游”改革，扩大董岭、桐花沟、下杨寨等“小三变”示范村的辐射效应。二是推动乡村旅游用地“三权分置”，积极支持利用荒地、荒坡、荒滩、垃圾场、废弃矿山和其他可被开发利用的土地等开发旅游项目。积极探索旅游项目用地差别化管理新模式，在不改变农用地利用性质、不破坏耕作层的前提下，试点直接由集体经济组织或村民采取出让、转让、出租、承包、联营、作价出资或入股等多种形式参与旅游项目开发。

9.8　提升旅游国际化水平，用世界语言讲好蓝田故事

从旅游业发展实践来看，全域旅游发展要注重国际化，旅游国际化是旅游业服务水平提升的重要指标。从商业角度来看，蓝田县一方面需要引入国际先进的理念和运营模式，另一方面也需要把其旅游产品推出去。当前，蓝田县是具备这样的条件和优势的，蓝田县处于国际化大都市西安半小时经济圈内，正在计划建设的西安蓝田通航机场，上万年的华胥文化、蓝田猿人遗址等历史资源，现代化的休闲康养基地等都有利于蓝田县参与到国际旅游市场的分工之中。一是蓝田县要在全面开放的格局中审视和定位旅游业高质量发展，要以非常开放的心态，用国际化的品质标准、国际化的空间开放思维做全域旅

游，提升旅游国际化水平。二是要用世界语言讲好蓝田故事，新媒体时代蓝田县要强化互联网思维，探寻对外传播中的“新概念、新范畴、新表述”，构建起立体多样、融合发展、联通世界的传播体系，让满载蓝田好故事的多语种图像、声音、文字、信息更广泛地传播到世界各地，用海外读者乐于接受的方式、易于理解的语言认知万年蓝田。

9.9 实行“院—县”共建模式，完善人才就业创业环境

根据新内生经济增长理论，蓝田县域经济发展一方面要靠内力进行自我创新，另一方面需借助外力进行发展，内生动力与外生动力的转化机制有利于经济持续发展。当前，蓝田县在自身不断创新和变革的前提下，还需进一步借助外力形成持续的内外动力源。建议蓝田县根据自身产业定位及其与科研院所的密切合作，实行“院—县”共建模式，按照院校专业与县域产业相近原则，通过“一院一县”对接制度，形成经济发展内外动力源转换机制。西安翻译学院立足于服务地方经济发展，与蓝田县同处秦岭北麓区域，与蓝田县相距 40 千米左右，设有旅游管理、休闲体育、老年护理、电子商务、酒店管理、数字媒体艺术、戏剧影视文学等专业，有终南学社、关中文化研究中心、“一带一路”语言服务研究中心、创意写作工坊等研究机构，学校专业设置与县域产业相近。蓝田县与西安翻译学院实行“院—县”共建模式，一是学校长期坚持的“专业 + 外语 + 现代技能”的人才培养模式和以市场需求为导向开展的“产学研”一体校企合作模式，能为蓝田县经济发展提供强有力的人才和智力支撑，有利于蓝田县引入综合素质较高的旅游、康养人才。二是蓝田县可充分利用学校的教育资源，通过专业化培训提升现有从业人员的服务意识和水平，完善人才支持政策和人才就业创业环境，全方位提高全域旅游服务发展水平，促进经济高质量发展。

10

研究结论与展望

10.1 研究内容总结

本研究旨在深入贯彻习近平新时代中国特色社会主义思想，认真落实党中央、国务院关于全域旅游的决策部署，按照“五位一体”总体布局、“四个全面”战略布局和“创新、协调、绿色、开放、共享”的新发展理念，聚焦“五个扎实”，奋力追赶超越，围绕旅游治理规范化、旅游发展全域化、旅游供给品质化、旅游参与全民化、旅游效应最大化“五化”发展目标，实施乡村振兴战略。

在此理念指导下，本书重点研究了以下七方面内容：

（1）基于比较优势理论、资源禀赋理论、创新理论、协同理论、耦合理论、区域经济差异理论和二元结构模型，以高质量、可持续、创新、协调、绿色的蓝田全域旅游为发展目标，从国家战略指导、陕西发展部署、西安行动、蓝田响应四个方面在战略层面论述蓝田县经济高质量可持续发展的政策指导与智力支持。

（2）通过现实观察，线上、线下调研及数据收集，从旅游业、现代农业、工业、物流与金融五个方面分析蓝田县产业发展现状。

（3）从人口结构、自然资源、地理条件、文化思想观念、农业产业化、工业发展基础、产业结构等因素方面分析提出蓝田县域经济发展的制约因素；基于问题导向意识，通过分析提出蓝田县域经济发展存在的主要问题。

（4）借鉴瑞士阿尔卑斯山、韩国济州岛、浙江安吉、陕西韩城等国内外典型县域经济发展的优秀经验，结合蓝田县域经济特点，从特色产业、三产融合、信息化、品牌建设等方面，提出蓝田县经济高质量、可持续发展形成“蓝田与西安共同成长，与世界良性互动”的主要方向、特色和追赶超越目标。

（5）通过对蓝田县“人文山水蓝田，丝路生态慢城”战略定位的分析，提出“万年蓝田千年玉·十里慢城白鹿原”大品牌建设主题和蓝田县经济高质量发展思路；通过“点”——全域旅游核心载体、“线”——全域旅游连接纽带、“面”——全域旅游场域背景等点、线、面结合模式，分析提出蓝田县经济高质量发展特色模式的内涵和构建思路，并从理论基础、发展背景、发展条件三个方面论述蓝田县特色发展模式的可行性。

（6）在体制改革、大文化驱动、大格局重构、大产业融合、大健康塑造以及大数据助推等战略引导下，从六个方面提出蓝田县经济高质量发展特色模式的实践路径。

（7）提出蓝田县实现高质量发展的具体对策建议。

研究创新之处主要体现在“六新”：一是新样本。以文旅产业为龙头，打造生态康养旅居品牌，带动多产业融合发展新样本。二是新模式。“点、线、面”全域旅游带动多产业融合发展模式、“一核两廊三域”空间模式。三是新需求。旅游需求“新六化”（自主化+内涵化+家庭化+体验化+常态化+情怀化）。四是新供给。要素、投资、创新多元驱动的供给模式，华夏根源文化“活化”。五是新生态。生态优势转化为经济优势，绿水青山就是金山银山。六是新品牌。“万年蓝田千年玉·十里慢城白鹿原。”

10.2 研究主要结论

本书提出的主要理论及实践结论主要包括以下几个方面：

（1）蓝田县域经济发展存在的主要问题。

蓝田县域经济发展存在的主要问题为：区域发展不平衡、农民收入水平较低；农村剩余劳动力数量大、转移困难；城乡统筹不平衡、市场化程度较低；主导产业不强，发展不充分等。总体来看，旅游业作为蓝田县的主导产业正处在发展的参与阶段，表现出较为明显的阶段性特征，具体表现为：其一，旅游产业同质性竞争明显，缺少龙头产品。其二，旅游资源丰富但开发程度较低，内容单一。其三，旅游市场主要是被动接待，缺少主动营销。其四，旅游产业要素及配套设施在数量和质量方面均有待提升。

（2）蓝田县经济高质量发展特色模式的发展理念。

①文旅深度融合，推进“旅游＋”模式的全域旅游建设；

②自然生态与文化生态并重，深入整合文脉；

③走特色品牌建设之路。

（3）蓝田县经济高质量发展的实践路径。

①坚持“两山”理论，推进生态保护和经济协调发展。主要包括可持续生态环境和良好人居环境打造以及“旅游＋”全域旅游带动模式下的综合产业发展。

②夯实高品质旅游基础设施建设，推进“慢游”综合旅游交通体系。包括：全力构建“快进慢游”的旅游交通网络；着力打造公交、骑行、步道为主的立体慢行系统；开发交旅融合创新产品；发展租赁及共享交通服务等。

③坚持能融尽融，推进“旅游＋”多业态融合发展。包括“旅游＋文化”产业融合、“旅游＋教育”产业融合、“旅游＋体育”产业融合、“旅游＋林业”产业融合、“旅游＋农业”产业融合、“旅游＋信息产业”产业融合、“旅游＋金融”产业融合、“旅游＋医疗/康养产业”产业融合、“旅游＋科技”产业融合及“旅游＋城镇化”产业融合。

④推进“三生一体”新型农旅经营形态，打造乡村振兴绿色引擎。首先，发展县域特色农业，立足县域农业资源，培育资源优势，实现特色农业资源优势向产品优势、经济优势、生态优势转变。其

次，优先发展以生态、文化为核心的旅游产业。做到自然生态和文化生态并重，统筹城乡发展，在此基础上，积极推进县域农工商一体化以及三大产业融合发展，为实现蓝田县域经济高质量发展提供动力支撑与绿色引擎。

⑤健全旅游业人才培养机制，推进劳动力向旅游产业延长链转移。主要体现在：统筹考虑景区的实际需求，有序开发人才资源，创新人力资源开发管理机制，为蓝田县全域旅游发展培养一支高素质、精业务、优服务的专业化旅游人才队伍；制定旅游人才培训制度，采用多种培训方式，根据旅游市场发展动态及蓝田县旅游业的发展实际，积极、系统、常态化地进行旅游人才培训，提高蓝田县旅游人才综合素养，提升蓝田县旅游管理和服务水平，以及加强旅游“产学研”一体化协同创新。

⑥以游客需求为导向，依托“大数据＋”推进智慧旅游便民服务体系建设。首先，大数据是助推全域旅游发展的强大引擎，依靠大数据支撑，形成蓝田县最具个性化、差异化的旅游产品；其次，应建立与完善支撑县域经济发展的科技数据平台；最后，推动大数据产业和旅游产业融合发展，不仅注重旅游营销工程建设、旅游宣传平台搭建、旅游营销目标定位等，还要利用大数据、智慧旅游、云旅游平台等分析和掌握当前游客需求偏好和感知体验状况，推进“一站式”便民服务体系建设及旅游目的地知名度提升。

（4）蓝田县经济高质量发展研究对策。

在实践路径指引下，提出蓝田县经济高质量发展研究对策，包括：

①坚持全域旅游助推经济高质量发展思路，确定“万年蓝田千年玉·十里慢城白鹿原”大品牌建设主题；

②筑牢全域旅游经济发展基础，提升全域旅游服务水平；

③深入挖掘特色化旅游拳头产品，打造蓝田县经济品牌；

④强力推进科技支撑县域经济，实现智慧旅游全覆盖；

⑤重视自媒体“跨界”营销，扩大受众面和营销效益；

⑥开发品质化文创产品，加强线上、线下联合运营；

⑦挖掘岭区原乡旅游资源，探索“三权”“三变”，促进乡村振兴；

⑧提升旅游国际化水平，用世界语言讲好蓝田故事；

⑨实行“院—县”共建模式，完善人才就业创业环境。

10.3 研究展望

本研究通过对蓝田县域经济高质量发展的研究，完善了区域经济差异理论中关于县域经济方面的发展研究，促进了比较优势理论和资源禀赋理论创新，提升了系统理论和耦合理论在全域旅游发展中的实践指导价值，不仅有助于丰富和推进陕西省县域经济高质量发展内涵及相关研究，更助于推进问题导向、目标导向的蓝田县经济特色发展模式探索，为蓝田县“十四五”规划提供设计思路和方向。

国家战略指导、陕西发展部署、西安行动与蓝田响应等战略部署为蓝田县高质量发展提供了强有力的政策与智力支撑，同时也指明了蓝田全域旅游的发展定位。县域经济作为城市经济和农村经济的联结点，在承接产业转移、优化经济结构、推进工业化和新型城镇化发展、吸纳农村剩余劳动力等方面发挥着重要作用。以蓝田县为例的县域经济高质量发展在以下方面，还需进一步研究：

（1）“后疫情时代”县域经济的突破口。

“后疫情时代”，在文旅进一步深化融合、由形式融合向内涵实质融合转变的过程中，在“互联网+”“大数据+”、人工智能飞速迭代发展的背景下，县域经济如何突出重围，寻求高质量、特色化、可持续发展，日益成为今后相关领域研究的焦点。

（2）与国家战略的融合问题。

蓝田县如何发挥区位优势，更好地将国家战略、陕西内陆开放高地、西安大都市建设融入蓝田县脱贫攻坚、乡村振兴战略之中，全面发展全域旅游，是包括蓝田县在内的陕西省县域经济高质量可持续发展亟待解决的关键问题。在西部大开发新格局战略、“一带一路”和新型城镇化的背景下，陕西省各县域由于资源禀赋存在较大差异，对于某一具体县域经济高质量发展的研究值得期待。

（3）县域经济高质量发展的典型树立。

蓝田县已经取得了一些先进的经验，研究中还需要着重关注脱贫攻坚、乡村振兴、文旅融合、文化自信、生态建设、养老康养等方面，并以此为突破口，将蓝田县树立为县域经济高质量发展的典型，从而真正寻找到以旅游全域共建、全域共融、全域共享带动下的县域经济高质量特色化发展道路。各县域如何发挥区位、交通、人文优势，实现“四化”全面发展、追赶超越，追求更协调、可持续化、更高质量的发展值得进一步深入研究。

参考文献

[1]国家统计局蓝田调查队．蓝田民生调查集萃[M]．西安:三秦出版社,2017.

[2]许净瞳．中国传统文化概论[M]．西安:陕西师范大学出版社,2016.

[3]付兴林,吴金涛．文学类专业素质与创新教育讲演录[M]．北京:中国社会科学出版社,2017.

[4]雷兵．农村电子商务发展与地方经济的关系——基于中国1870个县数据[J]．当代经济管理,2018(2):41－47.

[5]王静．陕西农产品外贸物流与县域经济发展联盟体系与机制[J]．西北农林科技大学学报(社会科学版),2018(2):155－160.

[6]张可心,刘科伟,程永辉,等．乡村振兴的理论逻辑及发展重点研究——以陕西关中地区为例[J]．中国农业资源与区划,2019(3):205－210.

[7]杨晓军,宁国良．县域经济:乡村振兴战略的重要支撑[J]．中共中央党校学报,2018(6):119－124.

[8]郭爱君,毛锦凰．新时代中国县域经济发展略论[J]．兰州大学学报(社会科学版),2018(4):82－89.

[9]杨晓慧,张含．从王维诗画的接受看蓝田辋川文化旅游的开发利用[J]．西安文理学院学报(社会科学版),2015(4):53－55.

[10]李汭伦,周朝晖,马治华,等．对商业银行支持县域小微企业融资的思考[J]．武汉金融,2019(3):84－85.

[11]李红兵．基于DEA模型的绿色农业生态补偿绩效评价研究——

以西安市蓝田县某村落整治项目为例[J]. 华中师范大学学报(自然科学版),2018(4):532-537,543.

[12]胡蔚然."三治"视角下农村厕所革命的现状与对策——以陕西省蓝田县为例[J]. 山西农经,2020(20):48-50.

[13]胡立山. 陕西葛牌古镇地域文化研究[J]. 大众文艺,2020(4):27-28.

[14]孙炳彦,张媌姮. 走绿色扶贫攻坚与乡村振兴之路[J]. 环境与可持续发展,2019(5):62-65.

[15]施华勇,滕诚悦. 旅游产业发展与新型城镇化建设的互动分析——以蓝田县为例[J]. 农村经济与科技,2020(6):185-186.

[16]唐玉洁. 蓝田县:积极探索打造蓝田样本[N]. 劳动者报,2019-10-23.

[17]张晓强."电商"助推脱贫,得这么干[N]. 陕西农村报,2018-01-19.

[18]刘金."美玉之乡""厨师之乡"蓝田打造全国休闲农业和乡村旅游示范县[N]. 阳光报,2019-10-15.

[19]郭旭. 好山好水好生态成为蓝田显著标志[N]. 西安晚报,2019-10-15.

[20]刘金. 蓝田县政府与农业银行西安分行举办金融产品推介会[N]. 阳光报,2020-01-21.

[21]高瑞. 韵达西北快递电商总部[N]. 西安晚报,2020-07-18.

[22]孟宪鹏. 推进欠发达地区县域经济高质量发展[J]. 中国党政干部论坛,2020(12):79-81.

[23]郭爱君."双循环"格局下县域经济发展的新思路[J]. 人民论坛,2021(2):34-37.

[24]刘锐,邓辉,王翠云. 甘肃省现代农业与县域经济协调发展的时空特征[J]. 中国农业资源与区划,2020,41(12):190-201.

[25]王蔷,丁延武,郭晓鸣. 我国县域经济高质量发展的指标体系构建[J]. 软科学,2021,35(1):115-119,133.

[26]张旭,袁旭梅,魏福丽. 县域经济高质量发展内部耦合协调水平

评价与障碍因子诊断——以国家级创新型县(市)为例[J]. 统计与信息论坛,2020,35(2):59－67.

[27]宋菲菲,宋亚平. 县域经济的内涵、特征和高质量发展——以湖北为例[J]. 湖北社会科学,2020(2):74－80.

[28]叶文显,曾绍龙. 陕西省县域经济差异及其极化效应分析[J]. 数学的实践与认识,2020,50(11):9－18.

[29]范毅,王笳旭,张晓旭. 推动县域经济高质量发展的思路与建议[J]. 宏观经济管理,2020(9):60－62,88.

[30]刘宛晨,刘颖,胡永翔. 县域经济产业结构演进的实证探讨——以湖南省浏阳市为例[J]. 财经理论与实践,2014,35(6):128－131.

[31]黄森,呙小明. 高质量发展视角下长江经济带区域发展模式比较研究——基于多元空间经济模型[J]. 重庆大学学报(社会科学版),2020,26(1):1－18.

[32]王佳韡,祁新华,伍世代. 中国资源环境与区域发展关系演化:脉络、局限与趋势[J]. 生态学报,2019,39(24):9408－9415.

[33]毕学成,谷人旭,王春萌,等. 我国区域发展风险评估及时空格局演变[J]. 经济问题探索,2020(1):82－91.

[34]向玲凛. 西部区域发展均衡度测算及其动态分析[J]. 统计与决策,2020,36(2):105－109.

[35]王红霞. 现代化城乡区域发展体系研究[J]. 上海经济研究,2020(4):31－40.

[36]陈煜,刘云强,王芳. 农村经济区域发展水平时空差异变动趋势及影响因素分析——基于四川省五大经济区面板数据[J]. 农村经济,2020(5):50－57.

[37]李俊梅,何钰凌,董森,等. 主体功能区战略背景下的云南省区域发展绩效评价[J]. 生态经济,2020,36(8):161－168.

[38]万晓琼. 区域、市场、政府协调整合的区域发展研究[J]. 河北学刊,2020,40(6):118－124.

[39]熊昌盛,倪晓露,韦仕川,等. 区域发展战略对城镇扩张的驱动机

制及其效应分析——以海南国际旅游岛建设为例[J]. 中国土地科学,2020,34(11):48-56.

[40]樊杰,赵艳楠. 面向现代化的中国区域发展格局:科学内涵与战略重点[J]. 经济地理,2021,41(1):1-9.

[41]赵新宇,范欣. 区域发展战略、自然资源与经济增长——基于中国省际面板数据的实证研究[J]. 武汉大学学报(哲学社会科学版),2013,66(5):35-42.

[42]马燕. 安吉县全域旅游发展研究[J]. 旅游纵览(下半月),2020(6):99-100.

[43]安婧婧. 城乡融合背景下的乡村旅游发展研究[D]. 舟山:浙江海洋大学,2019.

[44]黄肖昱,沈辰成. 德、奥两国合作开发阿尔卑斯山区旅游[J]. 经济社会史评论,2018(2):96-102,128.

[45]编辑部. 风景这边独好——渭南市全域旅游发展综述[J]. 西部大开发,2019(5):105-108.

[46]汪梦莹. 海南全域旅游背景下的民宿设计[D]. 海口:海南大学,2019.

[47]王丁,王潇雅. 韩城:历史名城的华丽"蝶变"[J]. 中国品牌,2017(12):66-69.

[48]编辑部. 华阴 城景一体,打造全域旅游"华阴模式"[J]. 西部大开发,2019(6):66-67.

[49]王婉婷. 基于网络语言文本分析的全域旅游发展提升策略研究——以华阴市为例[J]. 现代商贸工业,2017(33):24-25.

[50]杨泽东,方斌,王雅茜,等. 济州岛旅游发展对海南国际旅游消费中心建设的启示[J]. 财富时代,2020(5):83.

[51]刘恬甜,任子菡,邓桂群,等. 济州岛和崇明岛生态旅游开发建设对比分析[J]. 旅游纵览(下半月),2019(7):89-90,92.

[52]施艳婷,李健,龚振浩,等. 德清洋家乐的品质提升与模式创新[J]. 度假旅游,2018(6):25-27.

[53]詹青．华胥陵与华胥氏的神话传说[J]．才智,2019(9):199.

[54]苏艺,陈井安．县域经济发展的历史演变、经验与展望——以四川省为例[J]．农村经济,2020(5):58－65.

[55]白山稳．县域经济发展中旅游精准脱贫的路径探讨[J]．科技经济导刊, 2020, 28(13): 214－215.

[56]编辑部．临潼服务做底,再造全域旅游发展奇迹[J]．西部大开发,2019(6):68－69.

[57]袁松亭,朱虹．江西省婺源县全域旅游规划[J]．城市建筑,2018(33):108－111.

[58]王璐琪,郭茜雅．全域旅游视角下栾川旅游业发展的对策[J]．旅游纵览(下半月),2017(14):128,131.

[59]陆韵．生态文明视角下美丽乡村全域化景区建设模式研究——以安吉山川为例[J]．安徽农学通报,2016,22(23):11－14.

[60]李红波,窦祥铭．宿州市农村一二三产业融合发展存在的问题及对策[J]．乡村科技,2020,11(31):15－17.

[61]陈燕君,赖洁瑜,李千帆．乡村振兴背景下佛山农村产业融合现状分析[J]．淮北职业技术学院学报,2020,19(6):77－80.

[62]何秋洁,羊芯谊,陈国庆．大健康产业与养老产业融合发展机理及路径研究[J]．忻州师范学院学报,2020,36(5):51－55.

[63]田应信,杨林,龚军,等．大数据技术与农村产业融合发展面临的困境及对策——以铜仁市为例[J]．乡村科技,2021,12(2):70－71.

[64]杨瑛娟,周晓婷,郭峰娟．基于“两山”理论的陕西省绿色共生模式研究[J]．湖北农业科学,2021,60(4):148－151.

[65]任全．基于“两山”理论视域下的乡村振兴策略研究[J]．中国集体经济,2021(9):7－8.

[66]何仁伟．“两山”理论视角下的乡村振兴战略研究[J]．环境与可持续发展,2020,45(6):98－99.

[67]宁琳,陈芳,寿娇娇．全域旅游视野下的旅游交通景观规划设计[J]．公路交通技术,2019,35(3):140－144,150.

[68]王慧娴."快旅慢游"新格局下的旅游交通发展[J].旅游研究,2017,9(4):8－10.

[69]高海燕.京津冀涉外旅游人才协同培养机制探究[J].教育与职业,2019(14):54－58.

[70]周军,吉银翔.农旅融合视角下传统农业园区的转型与重构——以南京滁河大农业园区发展规划为例[J].江苏农业科学,2015,43(12):540－544.

[71]黄莉,何志贵.农旅融合视角下的全域旅游发展困境与出路[J].农业经济,2020(8):60－61.

[72]吴学群.农旅融合视角下农耕文化资源的旅游转化困境与对策[J].农业经济,2021(3):99－100.

[73]赵鹏.努力实现旅游院校"校企合作,产、学、研一体化"办学之路的新突破[J].旅游学刊,2003(S1):12－14.

[74]王健.旅游产学研三位一体运行机制的深度思考[J].旅游科学,2012,26(1):1－6.

[75]贺剑武.智慧旅游对旅游型乡村振兴发展的影响作用与实现路径[J].农业经济,2021(3):42－44.

[76]贺剑武.乡村旅游信息化建设与智慧旅游融合发展路径探讨[J].农业经济,2019(8):39－41.

[77]刘治彦,季俊宇,商波,等.智慧旅游发展现状和趋势[J].企业经济,2019,38(10):68－73.

[78]杨艳,丁正山,葛军莲,等.江苏省乡村旅游信息化与区域旅游经济耦合协调关系[J].经济地理,2018,38(11):220－225.

[79]杨帆.基于智慧理念的乡村旅游发展路径探析[J].农业经济,2018(7):119－120.

[80]刘俊霞,雷小青.秦岭北麓蓝田县文旅产业高质量融合发展策略[J].当代旅游,2021,19(30):16－18.

[81]董晓英.蓝田县全域旅游发展经验借鉴与策略分析[J].经济研究导刊,2021(14):34－37.

[82]魏际刚．中国经济发展战略与动力能力[J]．智慧中国,2020(1):44－47.

[83]魏际刚．中国经济发展的战略、动力与能力[J]．新经济导刊,2019(4):10－14.

[84]中国宏观经济研究院经济研究所课题组,孙学工,郭春丽,等．科学把握经济高质量发展的内涵、特点和路径[J]．山东干部函授大学学报(理论学习),2019(10):44.

[85]国家发展改革委经济研究所课题组．推动经济高质量发展研究[J]．宏观经济研究,2019(2):5－17,91.

[86]周崴．我国“旅游＋”战略动态发展脉络探析[J]．时代农机,2018,45(1):172－173.

[87]陈晨．县域全域旅游的发展路径研究——以浙江省嘉善县为样本[J]．中国市场,2017(36):246－248.

[88]李珍．全域旅游视角下庆元县旅游发展与建议[D]．桂林:广西师范大学,2017.

[89]王海达,张红梅．从长安无人驾驶汽车长途路测报道看自媒体时代党报经济新闻报道的路径选择[J]．新闻研究导刊,2016,7(16):236－237.

[90]孟丽．综合试验区管理体制改革探析——抚仙湖—星云湖生态建设和旅游改革发展研究[J]．玉溪师范学院学报,2012,28(3):53－56.

[91]冀文林．切实提高土地的保发展能力[J]．中国地产市场,2011(9):14－15.

[92]陈明．青山绿水映蓝田　西北家具工业园——西北家具工业园巡礼[J]．法治与社会,2019(1):71.

[93]胡立山．陕西葛牌古镇地域文化研究[J]．大众文艺,2020(2):27－28．

[94]习近平．决胜全面建成小康社会　夺取新时代中国特色社会主义伟大胜利[N]．人民日报,2017－10－28(1)．DOI:10.28655/n.cnki.nrmrb.2017.009209.

[95]刘晓冬．共抓生态大保护　推进全域大旅游[N]．内蒙古日报

（汉）,2022－07－10.

［96］张天赐．云南省农业结构变动及比较优势的实证分析［D］．昆明：云南财经大学,2013.

［97］［英］李嘉图（D. Ricardo）．政治经济学及赋税原理［M］．北京：商务印书馆,1962.

［98］杨大海．辽宁沿海经济带与东北腹地互动发展模式研究［D］．大连：辽宁师范大学,2009.

［99］秦远建,蔡程,袁鹏程．中部崛起与武汉定位［J］．企业改革与管理,2006（3）：48－49.

［100］李一丁．基于共生理论的中柬产能合作研究［J］．现代商业,2019（26）：31－35.

［101］刘建设．“一带一路”国际产能合作问题研究［D］．北京：中国社会科学院研究生院,2019.

［102］倪叶颖．扶贫视域下农民思想观念现代化的探讨［J］．农村·农业·农民（B版）,2021（2）：26－28.

［103］徐征．制度经济学视角下的农业产业化发展研究［J］．经济研究导刊,2012（19）：172－174.

［104］卫飞．河南省农民就地城镇化二元载体现状、问题及对策研究［J］．当代经济,2021（3）：92－95.

［105］高雪．“新基建”对云南省产业结构优化升级的影响［J］．合作经济与科技,2021（4）：7－9.

［106］樊艺文．陕西县域经济发展研究［D］．西安：西北大学,2006.

［107］王毅菲．全域旅游带动县域经济高质量发展路径研究——以陕西省蓝田县为例［J］．产业科技创新,2019,1（26）：14－15.

［108］王毅菲．基于品牌化战略的传统观光旅游产品提升改造途径研究［J］．西安邮电学院学报,2010,15（4）：129－131.

［109］张颖．旅游目的地品牌化及其品牌杠杆力探析［J］．重庆师范学院学报（自然科学版）,2003（4）：76－78.

［110］汪克会．文脉旅游应用研究综述［J］．桂林旅游高等专科学校

学报,2007(5):770－773,782.

[111]何小鹏. 桂林七星景区品牌营销研究[D]. 南宁:广西大学,2012.

[112]张璟. 城市老港区的游憩功能改造与文脉传承——以上海十六铺地区为例[J]. 旅游学刊,2006(1):25－30.

[113]张宏瑞. 文脉在文化资源旅游开发中的主导作用[J]. 资源开发与市场,2004(2):156－158.

[114]刘传. 基于地理文脉的池州市旅游形象传播方案研究[J]. 中阿科技论坛(中英文), 2021(9):16－18.

[115]白晓刚,刘柳. 基于文脉分析的秦皇岛旅游形象定位研究[J]. 旅游纵览(下半月), 2013(6):92－94.

[116]柴焰. 关于文旅融合内在价值的审视与思考[J]. 人民论坛·学术前沿,2019(11):112－119.

[117]金琰,卢凤君. 主动城镇化的乡村发展路径创新——花园村实践的理论解析[J]. 东北农业大学学报(社会科学版),2021,19(5):13－23.

[118]余晓兰. 云南翁丁佤寨特色文化旅游产业体系建设与管理研究[D]. 昆明:云南师范大学,2015.

[119]邵金萍. 科技支撑县域经济发展路径的探讨[J]. 福建论坛(人文社会科学版),2019(11):194－200.

[120]吴巧红. 创新京津冀文化旅游产品[J]. 旅游学刊,2014,29(11):22－24.

[121]韩毅,陈薪颖. 重庆全力构建快旅慢游交通体系[N]. 重庆日报, 2018－05－28.

[122]编辑部. 中国首个乡村旅游研究院在湖南成立[J]. 世界热带农业信息,2017(22):50－51.

[123]陆航,王清晨. 促进县域经济高质量发展[N]. 中国社会科学报,2020－07－24.

[124]吕桂华. 指导全域旅游持续深入发展[N]. 中国旅游报,2017－06－16.

[125]杨冬琴. 全域旅游背景下欠发达地区县域经济发展研究[J]. 旅游纵览(下半月),2019(24):174-175.

[126]张愉笛. 灞河中上游流域景观变化特征及生态健康评价[D]. 西安:陕西科技大学,2018.

[127]于文静,杨玉华,陈刚,等. 求解乡村振兴五问　从全国两会看全面推进乡村振兴[J]. 中亚信息,2021(3):27-28.

[128]编辑部."十四五"规划和2035年远景目标纲要"三农"落子关键处[J]. 农村工作通讯,2021(6):9-11.

[129]计慧. 重点工作3　推动乡村产业振兴[J]. 中国合作经济,2021(3):11-13.

[130]本刊编辑部. 整装再出发　汇聚乡村振兴最强音[J]. 中国农民合作社,2021(4):1.

[131]新华社. 中华人民共和国国民经济和社会发展第十四个五年规划和2035年远景目标纲要[J]. 中国水利,2021(6):1-38.

[132]新华社."十四五"规划和2035年远景目标纲要提出　发展壮大新型农村集体经济[J]. 中国农业会计,2021(5):4-5.

[133]栾美薇. 乡村振兴背景下我国促进农村就业问题研究[J]. 黑龙江粮食,2021(4):40-42.

[134]原伟. 河南省红色旅游发展的问题及对策研究[J]. 产业与科技论坛,2011,10(11):43-44.

[135]新华社. 蓝田县政府网站[EB/OL]. http://www.lantian.gov.cn/.

[136]杨利香."以文化人":职业核心能力训练渗透课程思政的策略[J]. 现代职业教育,2021(30):24-25.

[137]沈雁飞. 休闲产业——新的经济增长点[J]. 商场现代化,2008(14):271-272.

[138]刘慧芳,董红梅,问俊峰. 陕西澄城黄土地质旅游资源及开发分析[J]. 旅游纵览(下半月),2016(20):153-156.

[139]卞显红. 城市旅游空间结构形成机制分析[D]. 南京:南京师范大学,2007.

[140]蔡加珍．旅游产品生命周期理论视野下湄洲岛妈祖文化旅游资源开发研究[D]．泉州:华侨大学,2005.

[141]邱敏．紧抓“相如故里”　助推旅游发展[J]．巴蜀史志,2020(5):268－271.

索　引